AF748228

La vie sans énergie moderne

Pauvre, désagréable et brève

Samuele Furfari

La vie sans énergie moderne

Pauvre, désagréable et brève

L'Harmattan

Du même auteur

Le Monde et l'énergie. Enjeux géopolitiques,
1. « Les clefs pour comprendre », Paris, Technip, 2007

Le Monde et l'énergie. Enjeux géopolitiques,
2. « Les cartes en mains », Paris, Technip, 2007

101 questions sur l'énergie, Paris, Technip, 2009

Dieu, l'homme et la nature, Paris, Bourin, 2010

Politique et géopolitique de l'énergie, Paris, Technip, 2012

L'écologie au pays des merveilles, Paris, Bourin, 2012

Vive les énergies fossiles, Paris, Texquis, 2014

L'énergie, de la guerre vers la paix et la prospérité,
Bruxelles, Académie Royale de Belgique, 2014

The Changing World of Energy and the Geopolitical Challenges,
Volume 1, Understanding Energy Developments,
Amazon, 2016

The Changing World of Energy and the Geopolitical Challenges,
Volum 2, Shifting Sands: The Geopolitics of Energy,
Amazon, 2017

© L'Harmattan, 2016
5-7, rue de l'Ecole-Polytechnique, 75005 Paris

http://www.harmattan.fr
diffusion.harmattan@wanadoo.fr

ISBN : 978-2-343-09988-0
EAN : 9782343099880

Avertissements

L'auteur s'exprime à titre personnel, les vues exprimées ne sont pas nécessairement celles des organisations ou instituts où il est actif.

Lorsque la source des données n'est pas indiquée, elles proviennent de la Commission européenne s'il s'agit de données de l'UE et de BP Statiscal Energy Review si ce sont des données mondiales.

« D’abord la bouffe, ensuite la morale »
chante Mackie dans « Car de quoi vit l'homme ? »
de *L’Opéra de quat’sous de Bertolt Brecht*
1928

Sommaire

Exorde

Le Ghana, comme presque tous les pays de l'Afrique subsaharienne, manque drastiquement d'électricité. Bien que ce pays soit la deuxième puissance économique d'Afrique de l'Ouest, comme les autres, il est ralenti par cette carence d'un bien fondamental dans son activité économique. Les coupures d'électricité y sont courantes comme d'ailleurs dans trop de pays de par le monde.

Mais, Ô miracle, des ONG humanitaires ont trouvé la solution, du moins, une solution partielle. Mais comment n'y avions-nous pas pensé nous aussi en Europe, plutôt que de construire de plus en plus de centrales électriques ? Il suffisait d'y penser : des tourniquets-centrales électriques !

Ainsi, des tourniquets en fer dans les cours de récréation des écoles ou des zones de jeu urbaines sont transformés en mini-centrales de la fée électricité. Un enfant qui pousse un tourniquet peut produire de l'électricité si on installe une génératrice sur cet engin ludique, qui à son tour va charger une batterie centrale qui chargera les batteries individuelles des enfants. Grâce à l'énergie enfantine, en courant en rond les enfants vont produire du courant… et ainsi pouvoir lire le soir, comme l'annoncent fièrement les promoteurs du projet.

Imaginez-vous la quantité d'électricité produite ainsi gratuitement par des enfants, électricité que l'on gaspille de par le monde ? Des journalistes ont qualifié ce dispositif « d'ingénieux procédé » [1]. Rendez-vous compte, grâce aux tourniquets générateurs d'électricité, les enfants ghanéens augmentent leurs chances d'étudier ! L'avenir du pays passe donc par des tourniquets. Vive l'énergie renouvelable des enfants ! Cela oui que c'est durable ! Le corollaire non avoué est le suivant:« vous voyez bien qu'on n'a pas besoin de gaz de schiste ou d'autres énergies fossiles »…

Vraiment ? N'est-ce pas plutôt offensant pour les enfants, pour le Ghana et pour les pays africains en général ? Est-ce ainsi que l'on envisage le développement de l'Afrique ? Peut-être diriez-vous que c'est toujours cela de pris. Non, non et non ! Le développement, ce n'est pas viser petit, mais avoir l'ambition de récupérer à pas de géant le retard que ces pays ont accumulé parce que l'électricité et l'énergie en général leur font et ont fait défaut.

L'esclavage des enfants – fût-il ludique – pour produire de l'électricité est une faute éthique qui véhicule une fausse idée du besoin en énergie.

Introduction

La pauvreté dans le monde est la honte de notre civilisation d'abondance, symptôme de nos égoïsmes, mais également expression manifeste de la mauvaise gouvernance de certains dirigeants qui manquent de la plus élémentaire charité envers leurs frères en humanité. Pourtant, il y a maintenant plus de soixante ans que l'on se préoccupe de développement dans le but d'apporter une solution à la pauvreté globale. En 1949, le Président des Etats-Unis, Harry Truman, dans son discours sur l'état de l'Union, tout en jetant les bases de l'OTAN et en lançant le fameux plan Marshall qui devait reconstruire le continent européen – principalement l'Allemagne – libre mais exsangue, se préoccupe aussi de la pauvreté dans le monde, dans les pays appelés à l'époque « sous-développés ». Vouloir aider les pauvres était – est ? – pour les U.S.A. une question morale. C'était alors une nation imprégnée des valeurs de fraternité de la Bible qu'une grande partie des Américains lisaient et méditaient et sur qui le Président prête serment lors de son investiture. Mais au-delà de cette volonté d'aider les plus démunis à sortir de la misère, il y avait aussi la lutte contre le Communisme. Epris de liberté, les U.S.A. ne pouvaient pas accepter une idéologie qui voulait contrôler la vie des gens par la mainmise de l'Etat sur tout. De plus, des pays qui commencent à consommer seraient certainement bénéfiques pour l'économie américaine. Bref, il y avait toutes les raisons du monde pour lancer un nouveau concept : « le développement ».

Mais des erreurs stratégiques, la décolonisation et la Guerre froide empêchèrent ce développement harmonieux. Des décennies perdues n'ont pas permis à ces pays « sous-développés » de sortir de leur triste état à la fois de faim et trop souvent d'esclavage quelle qu'en soit la forme. La construction d'industries lourdes, comme la sidérurgie, qui n'ont parfois jamais été mises en service, a conduit à des endettements insupportables car il n'y avait pas de marché intérieur pour consommer. Faute d'une productivité comparable à celle des pays de l'OCDE, ces erreurs ont laissé la population dans la disette, si pas carrément dans la faim, mais aussi dans l'esclavage des durs labeurs. Les chocs pétroliers des années 1970 n'ont fait qu'aggraver la situation car ces pays ne parvenaient même plus à rembourser les intérêts de leur dette ; plus que les pays occidentaux qui étaient visés par ceux qui avaient manigancé ces crises – le Colonel Kadhafi d'abord et l'ayatollah Khomeiny ensuite – les pays en développement ont été les vraies victimes d'une stratégie anti-occidentale. Ce n'est qu'après l'échec du communisme, lorsqu'il n'y avait plus besoin de maintenir en place des dirigeants fantoches, corrompus, insensibles aux souffrances de leur peuple, que l'on a commencé à percevoir des signes d'un vrai développement et encore uniquement dans une poignée de pays.

Mais entretemps est venu s'ajouter un qualificatif au développement. Il ne s'agit plus de se développer, mais de se développer de manière « durable », encore que ce terme soit totalement ambigu. Le mot anglais « sustainable » est traduit de manière bien plus appropriée par celui de « soutenable », parce que cet adjectif inclut la notion de développement dans le temps, de manière éthique tout en respectant l'environnement.

Il n'y aurait en soit que du bon si on pouvait en effet vivre un développement durable. Mais voilà, derrière les concepts, peuvent se cacher aussi des idéologies qui ne voient pas du tout d'un bon œil le développement « tout court », ce développement indispensable pour sortir de la faim et de toute forme d'esclavage. Je m'en suis déjà expliqué à plusieurs reprises[a].

Il convient de répéter à nos jeunes combien le communisme a pénalisé le monde pendant toute la seconde moitié du siècle – le plus meurtrier de l'Histoire – et combien de braves européens se sont laissés piéger par cette idéologie; le scandale a été encore plus grand lorsque ce furent les pays pauvres, notamment en Afrique, mais aussi en Asie et en Amérique latine, qui y ont adhéré. L'adhésion des masses n'est pas nécessairement le signe d'une « vérité », on l'a vu de manière évidente avec le fascisme et le communisme.

J'estime que la conversion à la nouvelle idéologie « verte » de la primauté de la Nature par rapport à l'Homme n'est pas plus le signe d'une nouvelle vérité. Hélas, comme pour les autres dérives idéologiques, il faudra attendre quelques décennies pour découvrir d'abord et payer ensuite les conséquences de cette erreur. Nous allons tenter de démontrer dans cet ouvrage que des solutions « vertes » peuvent souvent s'avérer être un nouveau piège qui va retarder le développement des pays pauvres, et qui va les maintenir dans la faim et l'esclavage.

A force d'erreurs, aujourd'hui beaucoup d'enfants n'ont pas accès à l'école, aux soins de santé et à l'eau potable malgré la disponibilité des technologies de ces services. Au contraire, n'ayant pas d'énergie en abondance, c'est la main d'œuvre gratuite des enfants – l'énergie des enfants !- qui est utilisée. Heureusement, partout dans le monde en développement les consciences s'indignent face à cette situation. En conséquence, des progrès enfin tangibles dans sa lutte contre la pauvreté extrême sont perceptibles. Selon des estimations publiées par la Banque Mondiale, de 2005 à 2008, le pourcentage de la population vivant avec moins de 1,25 dollar par jour et le nombre de pauvres a diminué dans toutes les régions du monde

---

[a] Voir les différents livres de l'auteur.

en développement[2]. Cette baisse générale observée sur un cycle de suivi de trois ans constitue une première depuis que la Banque Mondiale a commencé à recueillir des données sur la pauvreté extrême. Globalement, le nombre de personnes vivant dans l'extrême pauvreté a ainsi diminué de manière significative, passant de 43 % de la population mondiale en 1990 à 21 % en 2010. La mortalité infantile annuelle a régressé de 2,7 millions par rapport à l'année 2000. Le nombre de vies qui ont déjà pu être sauvées est tout à fait impressionnant.

Pourtant malgré de nombreuses lueurs d'espoir, l'Afrique subsaharienne est toujours globalement à la traîne par rapport aux autres régions. Toutefois, retenons qu'heureusement la prise de conscience est générale, afin de ne pas nous cantonner au terrible constat qu'il reste encore 2,6 milliards d'êtres humains qui vivent avec moins de deux dollars par jour...

Le chanteur Bono gère une ONG appelée ONE qui suit les progrès de la lutte contre la pauvreté. Dans son rapport de 2013, intitulé « Financer la lutte pour la transformation de l'Afrique »[3], il note que « *aujourd'hui, la plupart des pays en développement ont le vent en poupe, alors que les économies "riches" poursuivent leur redressement après la crise économique mondiale. Nous voici dans une ère de résultats, de promesses et d'espoir pour les pays en développement. Cette dynamique est perceptible sur tout le continent africain* ». En effet, presque tous les pays africains connaissent une croissance soutenue et beaucoup enregistrent de formidables progrès dans le cadre des Objectifs du Millénaire pour le développement (OMD)[a]. On notera cependant avec grande surprise et un immense regret que dans les 48 pages du rapport de l'organisation de Bono, ni le mot « énergie » ni le mot « électricité » n'apparaissent une seule fois. Est-ce un hasard ? Comment peut-on parler de pauvreté et de développement de l'Afrique sans même mentionner cette question aussi déterminante ?

---

[a] Égalité des sexes dans l'enseignement, mortalité infantile en baisse de même que la mortalité maternelle et accès à l'eau potable qui se généralise.

Si des services énergétiques modernes sont cruciaux pour le développement du bien-être de l'humanité et afin d'assurer un développement économique de tout pays, il y a pourtant encore aujourd'hui près de 1,3 milliard de personnes qui n'ont pas du tout accès à l'électricité, deux milliards qui n'en ont qu'un accès limité et 2,6 milliards de personnes qui n'ont pas la possibilité de cuisiner avec une énergie propre et facile d'emploi comme nous le faisons chaque jour dans nos pays.

Pour signaler son retard dans le développement économique et donc dans la qualité de vie, il convient d'observer que l'Afrique, représentant 14 % de la population mondiale, n'utilise que trois pour cent de la consommation mondiale d'énergie. Dans l'Afrique subsaharienne, c'est le Nigéria qui détient le triste record du plus faible accès à l'énergie, avec 104 millions de personnes sans moyen de cuisson moderne et non polluant alors que ce pays est un grand producteur de pétrole et de gaz. Sur les 1,9 milliard de personnes qui cuisinent encore en Asie avec de la biomasse traditionnelle[a], 836 millions se trouvent en Inde, 124 millions en Indonésie, 122 millions au Pakistan et 143 millions au Bangladesh, et 700 millions dans le reste de l'Asie.

Pour les personnes cuisinant avec des énergies renouvelables traditionnelles, cela va souvent de pair avec un manque d'accès à l'eau courante, à la récolte des déchets, à l'égouttage. Tout cela crée un cercle infernal qui maintient ces personnes dans la précarité, le manque d'hygiène et perpétue les barrières économiques au développement et à la prospérité.

Plus de 95 % de ces personnes se trouvent dans des pays de l'Afrique subsaharienne et dans les pays en développement de l'Asie et 84 % vivent dans des zones rurales. Ce livre leur est dédié avec l'espoir que d'une part, nous, habitants des pays riches, nous prendrons conscience de la nécessité de « faire quelque chose » pour que cela change chez eux, mais aussi pour que les nombreux pisse-vinaigres que l'on trouve chez nous cessent de se plaindre et d'accabler les énergies fossiles et le

[a] On verra plus loin de quoi est composée cette biomasse.

nucléaire de tous les maux en reconnaissant l'avantage qu'elles leur procurent .

Nous allons tenter de montrer dans ces pages combien l'accès à l'énergie et singulièrement à l'électricité, est indispensable et urgent afin de porter à terme la longue transition économique que subissent les populations des pays pauvres et qu'elles puissent ainsi s'approcher de la qualité de vie dont jouissent celles des pays développés.

Avant d'aborder plus spécifiquement la situation énergétique des pays pauvres, dans les trois prochains chapitres, nous allons poser les fondements généraux nécessaires à la compréhension de notre démonstration. Ils permettront aussi de pouvoir appréhender la logique des solutions proposées visant à éradiquer l'inadmissible situation actuelle.

1.

L'INDISPENSABLE BESOIN D'ÉNERGIE

1.1.Le fil d'or

A Abu Dhabi, le 16 janvier 2012 l'ONU a lancé fort opportunément l'Année internationale de l'énergie durable pour tous et a appelé les gouvernements, le secteur privé et la société civile à contribuer concrètement à développer l'accès à l'énergie, améliorer l'efficacité énergétique et accroître l'utilisation des énergies renouvelables. Décréter des « années » en faveur de l'un ou l'autre objectif spécifique est louable ; toutefois, ce sont dans les efforts de tous les jours et certainement pas en une seule année que des résultats tangibles peuvent être engrangés.

A l'occasion du lancement de cette année internationale de l'énergie durable, le Secrétaire général de l'ONU, Ban Ki-moon, a souligné avec pertinence et justesse que l'énergie était au centre de tout et qu'« elle est le fil d'or qui relie la croissance économique, l'augmentation de l'équité sociale et la préservation de l'environnement ». Le fil d'or ? Mais une question surgit immédiatement : pourquoi ne pas l'avoir dit plus tôt ? Pourquoi la pauvreté énergétique n'a-t-elle pas été prise en compte plus tôt alors qu'elle est le fléau qui empêche d'atteindre ne serait-ce qu'un seul des Objectifs du Millénaire ?

En effet, en l'an 2000, les Nations Unies se sont fixé huit « Objectifs du Millénaire pour le développement ». Il s'agissait de réduire l'extrême pauvreté et la faim, d'assurer l'éducation primaire pour tous, de promouvoir l'égalité des sexes et l'autonomisation des femmes, de réduire la mortalité infantile, d'améliorer la santé maternelle, de combattre le VIH/Sida, le paludisme et d'autres maladies, de préserver l'environnement et de mettre en place un partenariat mondial pour le développement. Tous ces objectifs étaient et restent très louables et il est nécessaire de les atteindre au plus vite. Toutefois, aucun de ceux-ci ne pourra être atteint sans consommer plus – beaucoup plus – d'énergie. En effet, l'objectif qui sous-tend tous ces huit Objectifs du Millénaire – le fil d'or comme l'appelle le Secrétaire général des Nations Unies – est la mise à disposition d'énergie en abondance pour tous. Ce « fil d'or » va nous servir de fil d'Ariane dans cet ouvrage.

Mais voilà, en l'an 2000, sous la pression des ONG environnementales, le monde développé était dans l'égarement, pensant ou faisant semblant de penser que l'énergie était mauvaise, source de tous nos maux sociaux et environnementaux. On refusait de voir qu'il s'agissait au contraire d'un « fil d'or ». Dès lors, il ne pouvait être question de mettre en avant « le mal absolu », « la cause du changement climatique », « symbole du capitalisme ingrat », « oppressant et polluant ». Toutes ces expressions et bien d'autres similaires ont été abondamment utilisées pour discréditer l'énergie en général et en particulier les énergies fossiles et le nucléaire. Pour se montrer politiquement corrects, les gouvernements occidentaux n'ont pas essayé de contrer cette contradiction pourtant flagrante et ils ont feint d'ignorer « ce fil d'or ». Il faudra une dizaine d'années pour admettre l'erreur ; mieux vaut tard que jamais sans doute. Bien entendu, ils ne l'ont pas fait de manière explicite: on ne va pas aller clamer dans tous les médias que les

Nations Unies se sont trompées en définissant les huit priorités et qu'elles n'avaient pas vu « le fil » pourtant en « or ».

D'ailleurs, les médias ne se sont pas empressés de souligner cette contradiction puisque, à de rares exceptions près, ils se sont généralement complus à ajouter de l'huile sur le feu de la haine de l'énergie. Ils ont caché « le fil d'or » en arguant que l'énergie était un poison, une drogue, dont il fallait au plus vite se défaire.

Or, tant que l'on ne voudra pas admettre de manière explicite que l'énergie est *la base du bien matériel de l'humanité* et non pas *la source de nos problèmes,* on restera dans le non-dit, ce qui n'est jamais bon. Je me suis déjà exprimé de manière claire dans plusieurs livres sur ce sujet et le fléau de la pauvreté énergétique me donne l'occasion de le répéter.

Les choses évoluent enfin, la rationalité est en train de remplacer l'idéologie, même s'il y a encore beaucoup à faire afin de renverser les croyances mensongères propagées par des sites Internet et des médias biaisés. Par exemple, en juillet 2012, les journaux français ont contribué à colporter en cœur et avec surenchère un *buzz* erroné sur la peur de la fonte du Groenland sur base d'un communiqué de la NASA[4], dont le titre était également erroné et, d'ailleurs, en contradiction avec le texte qui le suivait : « Le Groenland fond à une vitesse record » se préoccupe un hebdomadaire français[5]. En réalité, il s'agissait de l'observation satellitaire d'une brève période de 3-4 jours de fonte d'une mince couche de neige à la surface du Groenland due à un ensoleillement exceptionnel et une succession de courtes et intenses vagues de chaleur, comme cela s'est reproduit à intervalles relativement réguliers d'un durée de 150 ans depuis des lustres et comme cela est clairement documenté par les carottages glaciaires. Sans se poser de question, la plupart des médias internationaux ont omis l'essentiel, et ont répercuté et amplifié le titre du communiqué de la NASA. Pourquoi ? Parce qu'il faut perpétuer la peur du changement climatique causé par l'utilisation de l'énergie, symbole de la société occidentale, comme nous allons le voir. Pour ces médias, l'énergie n'est pas un « fil d'or » mais le « fil de la mort ».

1.2. L'Européen est un esclavagiste

Dans nos pays occidentaux, nous sommes tellement habitués à consommer de l'énergie que nous n'y prêtons plus attention. Au contraire, nous la dénigrons, nous l'accusons de créer tous les maux du Monde. Comme le dit le Professeur Michel Erpicum, climatologue à l'Université de Liège, « *les gaz à effet de serre sont les boucs émissaires de toutes nos misères* »[6]. On ne voit pas ou on ne veut pas voir que l'Energie (sous toutes ses formes, et notamment celles qui sont à débit continu) a été et est au contraire le moteur de notre développement, le fondement de notre bien-être matériel, la source de nos soins de santé et partant de notre longévité. On y est tellement habitué que l'on peut se permettre de croire que cela n'est pas important. On entend parfois dire que les enfants s'imaginent que « l'électricité sort du mur », ce qui signifie que l'on ne se pose même plus la question de savoir d'où peut bien venir cette énergie. De même, pour cet autre bien précieux qu'est l'eau, on ouvre le robinet et l'eau coule car il y a quelque part, on ne sait où, des pompes qui tournent grâce à de l'électricité. On appuie sur un interrupteur et l'éclairage jaillit, sans que nous prenions conscience qu'instantanément il y a quelque part une centrale électrique qui réagit à notre petit geste pour équilibrer la consommation et la production de la fée électricité. On fait le plein à la pompe à essence et même si on vitupère contre le prix et qu'on honnit les compagnies pétrolières, on n'imagine pas un seul instant la multitude d'innovations technologiques qui permettent notre geste banal de consommation.

Hélas, notre accoutumance ne signifie pas pour autant que le monde entier jouit des mêmes privilèges que nous. Puisque l'on a aujourd'hui pris la fâcheuse habitude de critiquer l'énergie, de se plaindre de son impact négatif sur l'environnement, et de fustiger les entreprises qui s'efforcent pourtant de faciliter notre quotidien en nous fournissant de l'énergie, j'ai résolu de souligner le privilège énorme dont nous disposons, en montrant qu'il y a dans le monde des personnes qui nous envient de pouvoir disposer ainsi de l'énergie au moment où, et autant que nous le voulons.

Nous consommons sans même réaliser l'ampleur du service rendu par l'énergie. Pour nous rendre compte de ce bien-être, nous allons l'illustrer avec quelques consommations courantes des nantis européens. On estime généralement que le corps humain peut fournir une puissance de 100 Watt. Par exemple, un homme ou une femme qui pédale pour produire de l'électricité va pouvoir éclairer une ampoule électrique de 100 Watts… tant qu'il ou elle pédale. Ainsi, pendant une heure, il ou elle aura produit 100 Wh (wattheure). En effet, en multipliant une puissance exprimée en Watts par le nombre d'heures de fonctionnement, on obtient la quantité d'énergie produite ou consommée. Le Wh étant une quantité trop petite on parlera de kilowattheure (kWh) ou de mégawattheure (MWh), qui sont respectivement mille et un million de wattheures. De même, le kilowatt (kW) et le mégawatt (MW) sont respectivement mille et un million de Watt. Ainsi, notre cycliste devra pédaler pendant dix heures pour produire un kilowattheure.

Un réfrigérateur combi de 250 litres de catégorie A+ a une puissance de 150 à 200 W. Il faut donc une personne et demie ou deux personnes qui pédalent en continu afin de faire fonctionner cette armoire réfrigérée. C'est à peu près la même chose pour un téléviseur à écran plat. Donc un couple avec deux enfants suffisamment forts pour pédaler pourraient produire de l'électricité pour regarder la télévision et avoir des boissons fraiches tant qu'ils pédalent. Mais il faudra oublier le lave-linge car là on change de catégorie puisque la puissance passe à 2 000 voire 2 200 W. Il faudra donc deux équipes de football au complet qui pédalent pour que le linge soit lavé. Si on doit repasser ce linge, il faudra aussi une équipe de football qui pédale. Quant au four à micro-ondes, dont la puissance est de 1 500 W, il faudra toute une équipe de rugby à XV qui pédale pour produire l'électricité dont il aura besoin pour fonctionner.

Si vous vouliez tondre votre pelouse avec une tondeuse électrique, il vous faudrait aussi une équipe de rugby à XV qui pédale sur cette pelouse pour produire l'énergie nécessaire. Si on passe à l'automobile, on change de nouveau d'ordre de grandeur. Une voiture « compacte » possède une puissance d'une centaine de chevaux[a] soit 73 600 W. Sa puissance est donc équivalente à 736 personnes qui pédalent. Si vous êtes de ceux qui pensent qu'il faut privilégier les transports en commun, regardons de plus près la consommation d'énergie de ces chers véhicules citoyens. Cependant, il ne faut donc pas penser qu'il suffit d'accoler le qualificatif « public » au mode de transport pour que ce mode soit efficace du point de vue énergétique. Un tram urbain possède une puissance de 300 à 500 kW, qui nécessiterait donc l'équivalent de 3 000 à 5 000 personnes qui pédalent pour transporter une cinquantaine de personnes. C'est bien entendu mieux que le véhicule individuel, mais c'est néanmoins un monstre de consommation d'énergie. C'est normal puisqu'il y a une masse énorme d'acier à déplacer pour transporter quelques dizaines de personnes. Quant à une rame TGV avec une puissance de 8,8 MW, il faudra l'équivalent de 88 000 cyclistes pour la faire se mouvoir. On comprend tout de suite pourquoi le problème de l'énergie est en fait largement le problème du transport et que le problème du transport est largement le problème de l'énergie. En effet, les produits pétroliers représentent encore 93 % de toute l'énergie utilisée dans le secteur de la mobilité, la part de l'électricité ne représentant que deux pour cent (principalement les chemins de fers, trams et métros) et les biocarburants quatre pour cent.

De fil en aiguille, on en arrive à la moyenne extraordinaire que chaque citoyen européen dispose ainsi de 150 personnes qui pédalent virtuellement en continu à son service pour produire l'énergie dont il a besoin. « Besoin » ? Ceux qui prônent la décroissance, avec cohérence, prétendent que nous n'avons pas besoin de consommer autant. C'est une opinion légitime mais apparemment très peu suivie. On peut dire cela de

---

[a] Ne pas confondre la puissance exprimée en chevaux (1 cheval égale 736 Watts) et la notion de chevaux fiscaux (CV).

manière moins politiquement correcte : chaque citoyen de l'UE dispose à son service de 150 esclaves virtuels qui le servent jour et nuit. En effet, les énergies fossiles et nucléaire nous permettent de disposer d'un confort de vie comme si nous avions à notre service une armée d'esclaves, de serviteurs ou domestiques, appelez-les comme vous voudrez.

Dans la prison brésilienne de Santa Rita do Sapucaí, le directeur propose aux détenus volontaires de produire de l'électricité verte d'un type particulier, en pédalant, et ainsi de bénéficier d'une remise sur la durée de leur peine[7]. Le détenu reçoit un jour de remise de peine pour trois jours de pédalage effectués de 9h à 17h. Esclaves modernes ou peut-être écologistes convaincus, cela leur donne l'illusion de « donner un coup de pouce à la planète », mais c'est hélas bien dérisoire. Certes, c'est certainement une bonne chose pour améliorer la forme physique des détenus, tout en leur permettant de gagner des jours de remise de peine et d'avoir le sentiment de se rendre utiles pour la société. Mais qu'on ne pense pas améliorer la situation énergétique de la sorte ou de sauver la planète par de telles initiatives « citoyennes », car ce n'est même pas une goutte dans l'océan: dans le domaine de l'énergie, comme on l'a vu plus haut, vu les quantités nécessaires, il est illusoire de croire que les petits ruisseaux font les grandes rivières.

Esclavagiste ! Il l'ignore ou feint de l'ignorer, mais l'Européen moyen tire profit de l'énergie comme le faisaient les exploiteurs de la force de l'Homme avant l'abolition de l'esclavage. Il se complait à fustiger les autres mais, comme souvent, la nature humaine préfère ignorer ses propres méfaits ou comportements. Les méchants, ce sont les autres, car « moi » je me préoccupe de l'environnement. J'ai déjà écrit que, selon moi, l'Homme ne doit pas se sentir coupable d'utiliser les ressources naturelles et en l'occurrence les ressources énergétiques même si ne serait-ce que par intérêt propre, il doit limiter la pollution[8]. Mais il devrait éviter de critiquer les autres si lui-même n'est pas capable de limiter sa propre consommation. Certains critiquent ceux qui prennent la voiture pour aller travailler tandis qu'eux le font en vélo. Mais est-ce qu'ils sont aussi écolos chez eux ? Ont-ils envoyé leur réfrigérateur à la casse, lavent-ils leur linge à la main ? Pédalent-ils pour regarder la télévision ou faire fonctionner leur réfrigérateur ? Ne vont-ils pas au cinéma, cette industrie très énergivore ? Ont-ils abandonné le ski qui occasionne des consommations faramineuses d'énergie ? Leur chirurgien les opère-t-il avec une bougie ?

Au moment où certains parlent de « feuille de route » du développement durable, où l'on savoure l'« économie verte », la « transition énergétique », dans ce livre, je voudrais montrer combien le reste du monde a tout autant que nous besoin d'énergie continue et bon marché pour répondre aux aspirations légitimes de ceux qui n'ont pas notre privilège de disposer ne serait-ce que d'une dizaine d'esclaves virtuels.

Nous verrons combien le continent africain a un besoin criant et urgent d'utiliser de l'énergie fossile en abondance pour répondre à ce terrible défi de la pauvreté énergétique. Mais il n'y a pas qu'en Afrique où il existe une pauvreté énergétique. Cela est également devenu une préoccupation européenne car il y a de plus en plus de nos concitoyens qui ne peuvent plus se payer l'énergie, en particulier de l'électricité, à cause de son prix qui ne cesse de croître ; nous aborderons cela dans le dernier chapitre.

Puisque ce livre concerne le développement durable, il convient de préciser ce concept pour ne pas se fourvoyer. Le développement peut être qualifié de durable si trois conditions sont simultanément rencontrées (Figure 1-1). Il faut qu'il y ait

- avant tout une croissance économique (autrement pourquoi parlerait-on de développement ?) qui est à son tour source de création d'emplois,

- protection de l'environnement naturel (voire amélioration, comme le demande le traité de Lisbonne) ,

- et que cela se fasse en sauvegardant les acquis sociaux.

Figure 1-1 Le développement, un équilibre

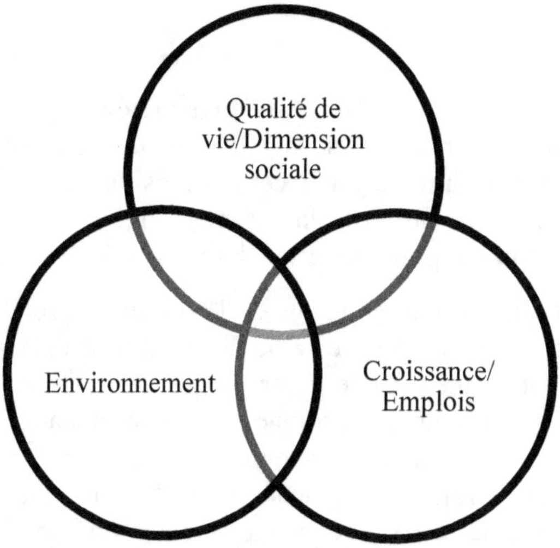

Certains ajoutent une quatrième condition : que cela se fasse dans le cadre d'une bonne gouvernance.

Il ne faudrait surtout pas s'imaginer que le développement durable est une notion scientifique. En effet, cette notion vieille seulement d'une trentaine d'années est une approche politique de la société. Pour le citoyen, il s'agit d'un style de vie qui peut être choisi, mais qui ne doit pas être imposé puisqu'il s'agit d'un choix personnel, bien entendu tant que l'on vivra dans un espace de liberté. Observons qu'il est surtout ces derniers temps un slogan, mais que l'on constate que peu de ses adeptes poussent leur logique jusqu'à quitter la société de consommation selon eux « non durable » pour aller vivre, par exemple, dans des zones rurales ou, s'ils préfèrent vivre dans les villes « polluées », tentent de convaincre voire de contraindre les autres à vivre selon leurs propres choix de vie.

1.3. La situation énergétique du monde et des pays pauvres

Avant d'analyser plus en détail la pauvreté énergétique, nous allons débuter par analyser la situation énergétique dans le monde afin d'en tirer quelques conclusions qui nous aideront à comprendre l'ampleur de la problématique et éviter des simplismes qui ont pourtant la vie dure.

Tout étudiant qui atteint l'âge de 13-14 ans apprend au cours de physique la notion de « travail », qui est la grandeur physique déterminée par le déplacement d'une force (un poids pour parler un langage profane) sur une distance dans la direction de la force[a]. Soulever un quelconque objet implique un travail car il s'agit de déplacer un poids pour vaincre la force de gravitation terrestre ; de même, monter un escalier est un travail (vous déplacez votre propre poids sur une hauteur). Toutes les activités humaines impliquent un travail dans le sens de la physique. A fortiori, travailler dans le sens courant du mot est un travail dans le sens de la physique ; ce n'est d'ailleurs pas par hasard que les deux sens utilisent le même mot. Mais notre étudiant de 13-14 ans apprend en même temps que la notion de travail physique est la même notion que l'énergie. Le travail exige de l'énergie; il ne peut se faire sans énergie qu'elle soit humaine, animale, fossile, nucléaire ou d'origine renouvelable. Inversement l'énergie permet de faire un travail. Ce qui signifie donc – selon la physique et non pas selon la politique ou l'idéologie – que si l'on veut travailler, il faut consommer de l'énergie. Plus il y a de personnes qui travaillent plus il faudra d'énergie. Plus il y a de chômeurs et moins il faudra consommer

---

[a] Les scientifiques auront compris que je fais abstraction du cosinus de l'angle d'inclinaison du déplacement. La formule physique est le produit scalaire de deux vecteurs $T = \vec{F}.\vec{d}$ (le travail égale la force multiplié par la distance). Les grandeurs physiques sont le Joule qui est le travail nécessaire pour déplacer une force de un Newton sur une distance de un mètre. Le Joule est donc également l'unité de mesure de l'énergie. Le Joule étant une unité trop petite en utilise un multiple : le kilowattheure ou encore la tonne équivalent pétrole.

d'énergie. Et puisque nous traitons dans ce livre de pauvreté, si l'on veut éliminer la pauvreté [a], c'est-à-dire permettre aux démunis de consommer, même sans gaspiller, il faudra consommer plus d'énergie.

En conséquence, du fait que la préoccupation majeure de tout responsable politique qui se respecte est de créer les conditions socio-économiques pour que la plaie du chômage soit éradiquée ou du moins fortement limitée, il faut se préparer à une consommation d'énergie en hausse. Pour mettre les jeunes chômeurs au travail, pour sortir des gens en Europe de la misère, pour sortir les pauvres dans les pays émergents de leur difficile et inadmissible situation socio-économique, il va falloir consommer de l'énergie. Plus de personnes sur Terre et de meilleures conditions de vie conduisent à une demande majeure d'énergie (Figure 1-2). C'est inéluctable car c'est un principe de physique et qui n'a rien à voir avec des considérations politiques ou encore idéologiques !

Figure 1-2 L'énergie c'est avant tout de la physique

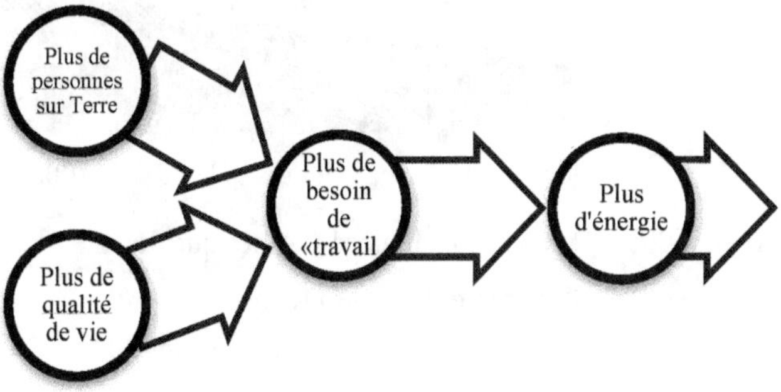

Il en résulte que le constat est patent: la demande mondiale d'énergie ne cesse de croître dans tous les continents (Figure 1-3). Cette croissance est en moyenne de cinq pour cent par an

[a] Certains vont jusqu'à parler d'éliminer les pauvres en pratiquant une politique malthusienne de contrôle des naissances.

depuis 1965[a]. On observe combien la consommation en Afrique est faible par rapport aux autres zones géographiques et combien la croissance de la demande se fait essentiellement dans la zone Asie-Pacifique. On aura l'occasion par la suite d'approfondir cette analyse.

Figure 1-3 Consommation mondiale d'énergie par zones géographiques (données de BP 2014. Mtep = million de tonnes équivalent pétrole[b])

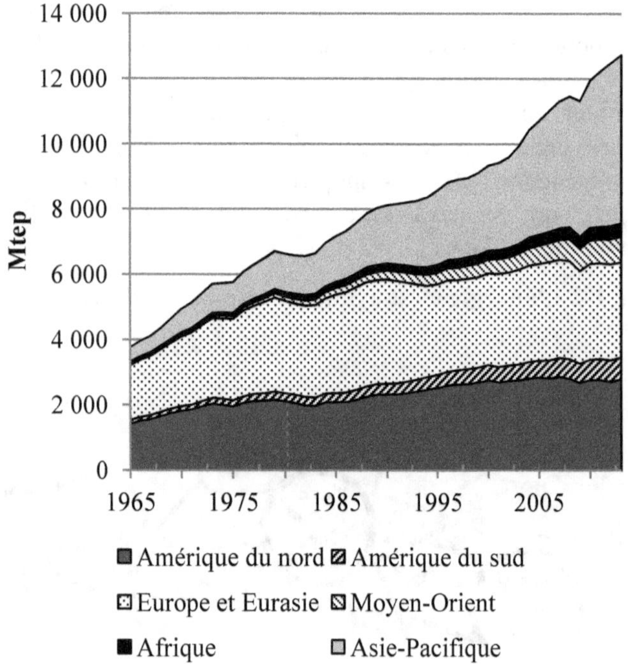

[a] Le lecteur intéressé par les statistiques trouvera facilement ces données sur le site de l'agence internationale de l'énergie ou Eurostat.

[b] En politique énergétique de manière à pouvoir comparer les quantités d'énergie on ramène toutes les énergies à leur équivalent en pétrole. On parle ainsi de « tonne équivalent pétrole » ou de ses multiples.

Observons qu'afin de satisfaire cette croissance, toutes les énergies primaires[a] sont en croissance. Comme on l'observe à la Figure 1-4, le pétrole, représentant 33 % de la consommation, reste l'énergie dominante dans le monde à cause de ses caractéristiques physiques inégalées. Celles-ci font des produits pétroliers les combustibles idéaux pour le secteur du transport. Le charbon n'est pas loin avec 30 % car il est le combustible le moins cher et le plus aisé pour produire de l'électricité, comme on le verra lorsqu'on examinera sa production en Chine et en Inde (voir page 124). L'hydroélectricité est de loin l'énergie renouvelable la plus importante (avec sept pour cent du bilan mondial) tandis que les nouvelles énergies renouvelables (essentiellement l'éolien et le solaire photovoltaïque) ne représentent que deux pour cent de la consommation mondiale.

Figure 1-4 Répartitions des énergies primaires dans la consommation mondiale (données de BP pour 2014)

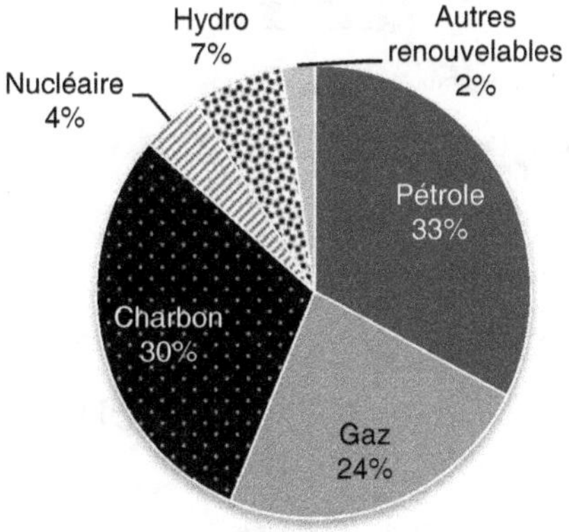

Si l'on ramène ces consommations par habitant, le constat est encore plus frappant. On observe, à partir des données de la Banque Mondiale[9] (Figure 1-5), que la consommation d'énergie

---

[a] Les énergies primaires sont le charbon, le pétrole brut, le gaz naturel, l'uranium, et les énergies renouvelables non transformées. Les énergies finales résultent de la transformation des énergies primaires; ce sont les carburants utilisés dans le transport, l'électricité, la chaleur et le froid.

par habitant est d'environ 7 000 kep[a] par habitant en Amérique du Nord, et de 3 300 pour l'UE, alors qu'elle chute terriblement à 680 kep pour les pays d'Afrique subsaharienne, soit moins de dix pour cent de celle des U.S.A. C'est toutefois l'Asie du Sud qui bat tous les records puisque ses habitants ne consomment que 550 kep par habitant. Comme point de comparaison, la moyenne mondiale est d'environ 2 000 kep par habitant.

Figure 1-5 Consommation d'énergie par habitant
(données de la Banque Mondiale de 2015 pour l'année 2011 – en kep par habitant)

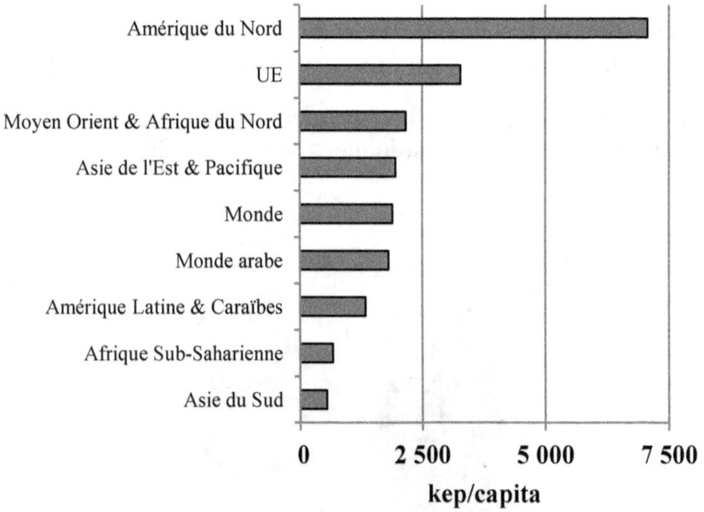

Le constat est semblable pour la consommation d'électricité (Figure 1-6) avec toutefois une différence notable : ici, c'est l'Afrique subsaharienne qui est la zone qui consomme le moins d'électricité par habitant. Cela souligne l'importance d'agir rapidement afin d'électrifier l'Afrique, comme nous le verrons.

[a] kep = kilo équivalent pétrole.

Figure 1-6 Consommation d'électricité par habitant (données de la Banque Mondiale de 2015 pour l'année 2011 – en kWh par habitant)

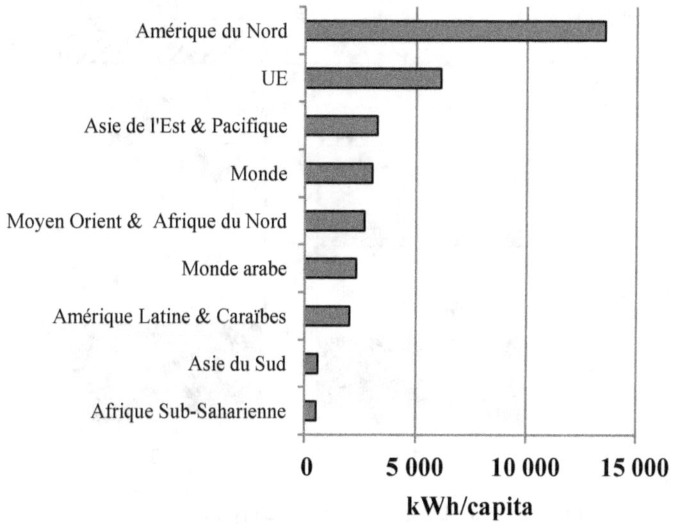

Les prévisions de consommation d'énergie dans le monde ne varient presque pas en fonction des entreprises, organismes ou institutions qui les élaborent. Les besoins criants sont tels que l'on doit s'attendre dans le monde d'ici 2035 à une croissance de la demande de charbon, de pétrole, de gaz, de nucléaire, d'hydroélectricité et d'énergies renouvelables, ces dernières voyant même leur part tripler. Toutefois, comme l'illustre bien la Figure 1-7, malgré ce développement sympathique, cela ne renversera pas l'hégémonie des énergies fossiles. Ce n'est guère la place ici pour développer cette question, mais le lecteur intéressé trouvera aisément une littérature abondante sur cette question, dont d'autres livres de l'auteur.

Figure 1-7 Consommation présente et prévision par source d'énergie primaire

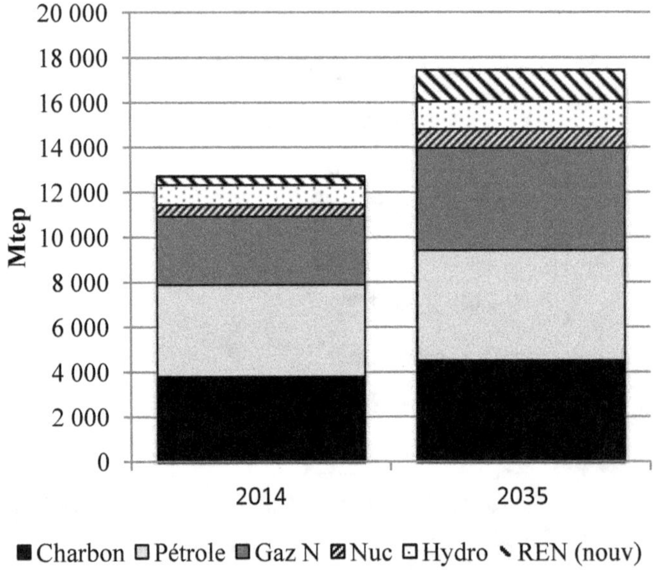

Mais sans doute direz-vous que l'on devrait pouvoir réduire nos consommations d'énergies en faisant des économies d'énergie. Bien entendu ! Il faut le faire et le faire avec une priorité absolue. Il est indéniable qu'il convient d'utiliser l'énergie avec modération. Le Conseil européen a fixé, en octobre 2014, un objectif indicatif au niveau de l'UE consistant à améliorer l'efficacité énergétique d'au moins 27 % à l'horizon 2030. Cet objectif sera réexaminé en 2020, dans la perspective de porter ce chiffre à 30 % pour l'ensemble de l'UE. Dans sa stratégie pour l'Union de l'énergie, la Commission européenne fait de la modération de la demande « la première priorité » au côté de quatre autres axes majeurs. Dans cette optique, il convient de repenser fondamentalement l'efficacité énergétique. C'est pourquoi la Commission européenne dans sa stratégie pour l'Union de l'énergie[10] insiste sur la priorité absolue que doit être l'efficacité énergétique et estime qu'elle doit être pour les Etats membres un enjeu primordial de leurs politiques. Nous y reviendront tout à la fin de ce livre mais il convient de souligner ici également sur le fait trop peu connu que le chauffage et le refroidissement constituent, avec 50 % de la consommation d'énergie finale, le premier poste de consommation d'énergie en Europe, le transport représentant 28 % et la production d'électricité seulement 22 %. D'ailleurs, les deux tiers des consommations, et partant des importations, de gaz naturel servent au chauffage industriel et domestique. Des gains d'efficacité considérables restent à réaliser en matière de systèmes de chauffage et de refroidissement urbains, qui ont fait l'objet d'une récente stratégie de la Commission[11].

Hélas, bien que tout le monde vise cet objectif d'efficacité énergétique, les résultats n'ont pas encore conduit à réduire les consommations globales d'énergie. La Figure 1-8 montre que par rapport à l'année 1990 la croissance de la demande en énergie de l'UE a crû avant de se stabiliser; il y a donc eu croissance des consommations malgré le fait que l'on soit de plus en plus performant. Sur cette figure est reportée l'intensité énergétique (un paramètre qui mesure combien on est efficace)[a] qui, elle, diminue. Bien que l'UE soit de plus en plus performante dans son utilisation de l'énergie, cela n'a pas suffi à réduire la consommation d'énergie. Certes, s'il n'y avait pas eu d'amélioration de l'intensité énergétique, on aurait consommé encore plus, mais là n'est pas la question : l'évidence est que, malgré une nette amélioration de notre efficacité énergétique, la demande en énergie croît ! Ce même graphique illustre bien également qu'il y a une forte diminution de la consommation d'énergie à cause de la crise que l'UE subit depuis 2008 et souligne donc ce qui vient d'être dit ci-dessus[b].

---

[a] L'intensité énergétique est le rapport entre la consommation d'énergie et le PIB. Exprimée en tonne de pétrole par millions d'euros elle permet de mesurer la performance énergétique. Plus elle est basse et plus on est performant dans la consommation d'énergie ce qui est bien entendu l'objectif recherché.

[b] On observera même qu'au plus fort de la crise, lorsque la consommation d'énergie a chuté le plus, l'intensité énergétique a légèrement augmenté ce qui souligne le caractère inélastique de la demande énergétique. Vous avez beau vouloir faire des économies d'énergie, même si vous êtes au chômage il faut

Figure 1-8
Evolution de la consommation d'énergie et de l'intensité énergétique dans l'UE

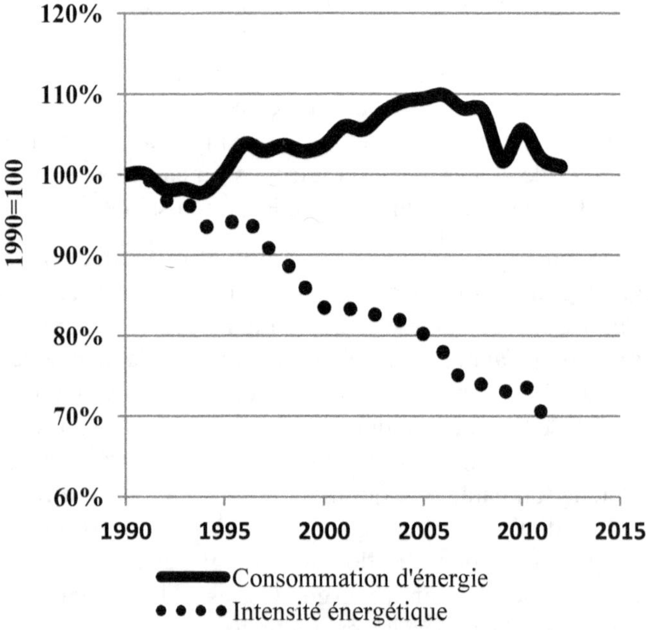

Si l'on veut donc de la croissance économique, qui est seule apte à créer des emplois non subventionnés, il faut plus de consommation d'énergie au niveau mondial, même si l'Union européenne est, elle, en mesure de réduire sa consommation, comme elle s'efforce d'ailleurs de le faire. Hélas, dans les circonstances actuelles, objectivement, cette énergie doit être de l'énergie fossile – surtout au niveau mondial – et en conséquence, on doit s'attendre à une augmentation des émissions de gaz carbonique.

---

quand même chauffer la maison et donc le rapport énergie/PIB augmente de nouveau.

Si l'Union européenne, championne actuelle dans la lutte contre le changement climatique et dans le domaine des énergies renouvelables, parvient à atteindre son objectif contraignant de 20 % d'énergies renouvelables en 2020, il faudra quand même que les 80 % restants (en fait 84 %, mais passons sur ce détail[a]) soient non renouvelables. Grâce à la directive européenne 2009/28/CE[12] qui concrétise cette décision politique, la part des énergies renouvelables dans la demande finale en énergie en 2015 est de 16 %. Puisque l'Union européenne s'est fixé un objectif de 27 % d'énergies renouvelables pour 2030[13], le même calcul nous conduit à dire qu'à cette date, 78 % [b] de l'énergie primaire ne sera pas renouvelable. Si cela peut sembler une découverte pour le grand public, ce n'est pas le cas pour ceux qui doivent gérer l'approvisionnement énergétique de l'UE, raison pour laquelle le défi de la sécurité d'approvisionnement énergétique est une autre des toutes grandes priorités de l'Union de l'énergie[6].

---

[a] Cela tient au fait que les objectifs de production d'énergies renouvelables sont exprimés par rapport à l'énergie finale (électricité, chaleur, carburants) et non pas en énergie primaire (pétrole, gaz, charbon, nucléaire, vent, bois,…).

[b] 73% en énergie finale mais 78% en énergie primaire.

2. L'ÉNERGIE ET LA PAUVRETÉ ÉNERGÉTIQUE DANS LE PROCESSUS ONUSIEN

En voyageant virtuellement de Rio de Janeiro à Paris, dans ce chapitre, nous allons voir que durant vingt-cinq années une grande partie des décisions politiques dans le monde ont été conditionnées par la lutte contre le changement climatique. Beaucoup y ont cru, certains même avec euphorie, d'autres ont simplement suivi par opportunisme. Commencée à Rio de Janeiro en 1992, la procession des conférences sur le climat est repassée dans la même ville en 2012. Mais ce qui devait, depuis 1992, être un engagement en faveur de la lutte contre le changement climatique est de manière bizarre devenu subitement en 2012 la lutte contre la pauvreté. Partons donc ensemble dans ce périple qui nous conduira de Rio à... Rio pour ensuite terminer notre périple à Paris.

2.1. Rio 1992, l'aube d'un nouveau monde

Dans les années soixante, Dario Moreno chantait une chanson très populaire, intitulée « Si tu vas à Rio », qui disait: « [tu verras] les fanfares, dans ce joyeux tintamarre, emmener le flot bizarre, des écoles de sambas ». En modifiant à peine ces paroles, on peut décrire ce qui s'est passé dans cette ville du 3 au 14 juin 1992 dans le domaine du développement durable : « Et les ONG, dans ce joyeux tintamarre, emmener le flot bizarre, des écoles du développement durable ».

Sous la férule de Maurice Strong[a], un homme qui a ensuite été accusé d'avoir un agenda caché, l'Organisation des Nations Unies convoque une grande conférence à Rio de Janeiro, appelée « Conférence des Nations unies sur l'Environnement et le Développement » (CNUED) ou plus communément « Sommet de la terre ». 118 chefs d'État ou de gouvernement, 7 000 fonctionnaires internationaux, 7 000 journalistes et 30 000 (!) représentants des ONG environnementales y participent. Maurice Strong avait réussi son défi, car à son terme, il qualifie la conférence de « moment historique pour l'humanité » [14]. A cette occasion, la Convention sur le changement climatique, celle sur la biodiversité, celle contre la désertification et l'*Agenda 21* sont adoptées. Ce dernier est un catalogue de 2 500 recommandations qui ont pour but de soi-disant préparer un monde meilleur, mais qui en fait est liberticide. Cet agenda du XXIème siècle prévoit que « ceux qui savent » devront imposer aux citoyens que nous sommes l'endroit où nous vivons, ce que nous mangeons, la quantité d'eau et d'énergie que nous consommons, nos modes de déplacement et de communication, ce qui est enseigné à nos enfants ; absolument tout serait décidé par un gouvernement central. Comme le dit Nathalie Elgrably-Lévy, qui enseigne l'économie à Montréal, « *l'être humain s'est battu pendant des siècles pour sa liberté. Aujourd'hui, l'ONU propose de remplacer la liberté par la servitude et d'imposer un*

---

[a] Décédé en novembre 2015, quelques jours avant la COP-21.

collectivisme planétaire. C'est le retour au Moyen Âge et aux méthodes totalitaires. Il existe certainement un meilleur moyen de concilier respect de l'environnement et respect de la vie humaine... à condition de faire l'effort d'y réfléchir »[15].

Le préambule du texte final de *l'Agenda 21* déclare que « *l'humanité se trouve à un moment crucial de son histoire. Nous assistons actuellement à la perpétuation des disparités entre les nations et à l'intérieur des nations, à une aggravation de la pauvreté, de la faim, de l'état de santé et de l'analphabétisme et à la détérioration continue des écosystèmes dont nous sommes tributaires pour notre bien-être. Mais si nous intégrons les questions d'environnement et de développement et si nous accordons une plus grande attention à ces questions, nous pourrons satisfaire les besoins fondamentaux, améliorer le niveau de vie pour tous, mieux protéger et mieux gérer les écosystèmes et assurer un avenir plus sûr et plus prospère* »[16]. Pourtant – hélas – la décision de Rio en 1992 ne va pas porter sur des mesures concrètes en faveur des Hommes afin de lutter contre « les disparités entre les nations » et « l'aggravation de la pauvreté ». Elle va au contraire se focaliser sur l'avenir de la Planète de sorte que l'appellation qui est retenue pour cette conférence est « Sommet planète Terre » et non pas « Sommet de l'Homme ».

Contrairement à ce que prétend ce préambule, on ne s'est pas tant préoccupé de l'Homme que de la nature. En effet, ce sont l'environnement et la nature qui ont été compris comme étant les objectifs de Rio 1992. D'ailleurs, les dernières lignes du discours de clôture de Boutros Boutros-Ghali, le Secrétaire général des Nations Unies de l'époque, ne laissent aucun doute sur l'objectif imposé par Maurice Strong : « *l'esprit de Rio doit créer un nouveau comportement du citoyen. Après avoir aimé son prochain comme le lui demandait l'Evangile, l'homme d'après Rio doit aussi aimer le monde, y compris les fleurs, les oiseaux, les arbres – tout cet environnement naturel que nous détruisons régulièrement. Au-delà et au-dessus du contrat moral avec Dieu, au-delà et au-dessus du contrat social conclu avec les hommes, il faut maintenant conclure un contrat éthique et politique avec la nature, avec cette Terre même, à qui nous devons notre existence, et qui nous fait vivre. Pour les anciens, le Nil était un Dieu qu'on vénère, de même le Rhin, source infinie de mythes européens, ou la forêt amazonienne, la mère des forêts. Partout dans le monde, la nature était la demeure des divinités. Celles-ci ont conféré à la forêt, au désert, à la montagne, une personnalité qui imposait adoration et respect. La Terre avait une âme. La retrouver, la ressusciter, telle est l'essence de Rio »*[17].

Dans mon ouvrage « Dieu, l'Homme et la nature »[18], j'ai montré qu'il s'agit là d'un texte religieux qui va à l'encontre de l'esprit judéo-chrétien qui a conduit à la société occidentale dans laquelle nous vivons, pour entrer dans une nouvelle ère – celle du « Nouvel Age » ou de « l'ère du Verseau » pour instaurer une religion séculière qui a pour but de déconstruire la société telle que nous la connaissons. Si le judéo-christianisme se préoccupait des Hommes, l'esprit de Rio 1992 s'intéresse lui à la Nature. Depuis, on ne compte plus les livres, les sites web, les déclarations politiques, les verdicts scientifiques qui proclament qu'il faut « sauver la planète », « protéger la nature », « qu'on ne peut plus continuer comme cela ». Ce phénomène n'a pas démarré immédiatement après le Sommet de la Terre. Il y a eu une période de latence d'une dizaine d'années nécessaire afin de faire percoler cette idée d'abord dans les médias, ensuite chez les décideurs, et en particulier dans le monde politique, pour finalement formater l'opinion publique. Nous y sommes à présent, du moins en Europe.

Très rares sont les jeunes européens qui ne sont pas convaincus que nous détruisons la Planète. Ils ont grandi avec des enseignants qui leur ont rempli le cerveau de cette contre-vérité. Les esclavagistes modernes le pensent tout en consommant la vilaine énergie sans même se rendre compte de leur incohérence. Cependant, les jeunes Africains qui sont confrontés à l'absence d'esclaves virtuels ont un tout autre avis.

2.2. Kyoto 1997, un succès des ONG environnementales

Nous ne nous éloignons pas de notre propos sur la pauvreté énergétique en traitant dans ce chapitre du changement climatique. Au contraire, c'est un fondement dans le cheminement de notre démonstration car il sous-tend les motivations qui voudraient que les pays pauvres n'utilisent pas d'énergies fossiles.

Le premier rendez-vous après la conférence de 1992 à Rio eut lieu à Berlin en mai 1995. Cette première Conférence de la Convention des Nations Unies sur le changement climatique (COP-1 pour « Conference Of Parties[a] ») fut ouverte par le Chancelier allemand Helmut Kohl. Une certaine Angela Merkel, à l'époque simple ministre fédérale de l'environnement, de la conservation de la nature et de la sûreté nucléaire, fut élue par acclamation en tant que Présidente de cette COP. On ne sera donc pas surpris de revoir plus tard Mme Merkel devenue Chancelière être une paladine du développement durable. Sous sa cravache, dans la capitale allemande, on jette les bases du processus de transformation d'une "convention" des Nations Unies en un "protocole"[b]. Pendant cinq ans, les « experts » de la question – dont je faisais partie – ont poursuivi l'œuvre commencée à Rio pour arriver, en décembre 1997, lors de troisième COP, à l'adoption du fameux « Protocole de Kyoto ». Celui-ci prévoyait de limiter les émissions de gaz à effet de serre et notamment pour l'UE de les réduire de huit pour cent par rapport à 1990. Les ONG avaient mis la pression pour que cette réduction soit atteinte en une dizaine d'années, soit en 2008. Mais devant cette tâche extrêmement difficile, on a préféré décider que les objectifs de réduction devaient être atteints entre 2008 et 2012. Ceci

[a] Conférence des Etats-parties à la Convention de Rio de Janeiro.

[b] La Convention prévoit des principes et objectifs généraux. Le Protocole est un accord sur des mesures concrètes, quantifiées et des échéances.

démontre l'urgence revendiquée par les environnementalistes pour sauver la planète. Une fois adopté, ce protocole a commencé à être mis en place avec plus ou moins d'empressement suivant l'intérêt des gouvernements. L'Allemagne, qui possédait à l'époque un gouvernement dont faisait partie le parti écologique, a été le plus prompt à mettre en œuvre les politiques et mesures nécessaires à l'obtention des objectifs souscrits. Cette approche a fait progressivement des émules dans toute l'Europe mais aussi dans un certain nombre de pays hors OCDE.

Les mouvements environnementalistes ont alors mis la pression. Le vert était sur toutes les lèvres ; c'était devenu la couleur de l'environnement, de la Terre, de l'espoir. Tony Blair, afin de justifier également sa volonté de relancer le nucléaire, se présente alors comme un ardent défenseur des thèses vertes. Lors du Sommet de Hampton Court en octobre 2005, il demande à la Commission européenne de réfléchir sur un avenir énergétique vert de l'Europe. Mais il avait également le souci de faire en sorte que ce soit l'UE qui dise que l'on ne pouvait pas se passer du nucléaire, de manière à ne pas être blâmé par les anti-nucléaires britanniques. L'institution européenne lance alors un large débat citoyen sur cette question avec la publication d'un Livre vert[a] en mars 2006. L'autorité qui définit les orientations et les priorités politiques générales de l'UE, c'est-à-dire le Conseil européen, demande à la Commission de préparer un paquet de propositions relatives à l'énergie et au climat afin d'« ouvrir la voie à une nouvelle révolution industrielle », avec comme objectif essentiel de répondre au défi du changement climatique tel que défini à Rio de Janeiro et reconfirmé à Kyoto. Sous la férule du couple Merkel-Sarkozy, le plan ambitieux est adopté[19]. Celui-ci prévoit d'une part que d'ici 2020, de manière contraignante, l'UE réduira de 20 % ses émissions de gaz à effet de serre (par rapport aux niveaux de 1990), qu'elle produira 20 % d'énergies

[a] Un « livre vert » est un texte qui sert à ouvrir un débat avec les parties prenantes et ce n'est qu'à la suite de ce débat que des actions législatives formelles sont proposées.

renouvelables dans la consommation énergétique totale finale de l'UE[20], qu'elle utilisera au minimum dix pour cent de biocarburant dans la consommation totale des carburants du secteur du transport. D'autre part, il est également prévu, mais de manière non contraignante, qu'elle augmentera de 20 % son efficacité énergétique. De manière à montrer son ambition maintes fois répétée de lutter contre le réchauffement de la planète, l'UE s'était aussi engagée à réduire les émissions de gaz à effet de serre de 30 %[21], à la condition que les autres pays, y compris la Chine et l'Inde, atteignent des réductions d'émission comparables.

La frénésie de l'après-Kyoto déclenche un phénomène d'emballement. Tout le monde devient passionné. On se dit que cette fois c'est la bonne, qu'on va enfin sauver la Planète. Plus ! On va créer la solidarité et la justice sociale ! Ce qui avait été décidé à Rio en 1992 devient enfin réalité. Certains se mettent à rêver : non seulement on va régler la température de la terre mais on va enfin mettre fin à l'énergie capitaliste. Des ministères changent de nom en mettant partout à l'honneur l'environnement et le développement durable au lieu de l'industrie et de l'énergie. A peine arrivé au pouvoir, le soir même de sa victoire, Nicolas Sarkozy promet en direct à la télévision aux Français une révolution verte, une réduction de la température de la terre, et des emplois verts. S'enchaînent alors les promesses sympathiques d'un monde plus propre et qui serait par conséquent– allez savoir pourquoi – plus juste. Lors du « Grenelle de l'environnement »[a], propositions vertes, promesses enthousiastes, objectifs dynamisants, tout est bon pour ne pas paraitre moins vert que l'état voisin. Le ministre français de l'Écologie et du Développement durable, Monsieur Jean-Louis Borloo, déclare avec un grand sourire que ça va être du bonheur. Il n'a pas été, toutefois, jusqu'à promettre le bonheur sur terre pour tous les hommes de bonne volonté…

---

[a] Ce fut entre juillet et décembre 2007 un ensemble de dialogues, consultations publiques et négociations qui ont abouti à des décisions à long terme en matière de développement durable.

Comme le président Sarkozy, d'autres politiciens se croient soudainement dotés d'un thermostat et sont convaincus que cette fois-ci la température de la planète va descendre. Assurément, ce qui monte, contrairement à la température de la terre qui – ironie de l'histoire – se stabilise de l'aveu même du GIEC qui est contraint de parler de *hiatus*[22] depuis l'année de la Conférence de Kyoto, c'est la température de la « fièvre verte ». Et elle monte de plus en plus au fur et à mesure que l'on s'approche de la « grande messe » prévue à Copenhague en décembre 2009. Mais ce sera *in fine* un grand tintamarre – pour reprendre le thème de la chanson « si tu vas à Rio » – qui fera retomber le soufflé qui était trop vite et inconsidérément monté.

2.3. Copenhague 2009, un fiasco retentissant

La COP-15 est enfin arrivée et avec elle un grand espoir de changement. Tout est en place – pensent les mouvements écologistes – pour mettre fin aux discussions et enfin prendre des décisions contraignantes sur la limitation des émissions des gaz à effet de serre dans tous les pays et pas seulement dans ceux de l'UE. L'occasion est historique, de nombreuses attentes l'entourent, un important travail a été effectué pour préparer ce qui devait être un succès. Las ! Les chefs d'Etat, les présidents chinois, des U.S.A., de la France, du Royaume-Uni, de l'Allemagne et des autres grands pays, des petits pays, de la Commission européenne s'évertuent pendant des jours à trouver un compromis honorable. Barak Obama n'y est resté que quelques heures mais ce déplacement était présenté par ses conseillers comme la démonstration d'un changement spectaculaire d'attitude des Etats-Unis.

Malgré le déploiement médiatique, les multiples négociations, notamment le rôle prépondérant du Premier ministre britannique Gordon Brown, c'est l'échec. On se rendait bien compte, dès avant la conférence qu'un accord juridiquement contraignant semblait hors de portée, mais l'espoir de l'ouverture d'un processus menant à un tel résultat subsistait tellement l'enthousiasme était fort. La Chine et l'Inde ont systématiquement bloqué l'obtention d'un résultat ambitieux. Les U.S.A. ont joué un rôle mitigé, contribuant à assurer une plus grande transparence tout en s'abstenant de lutter pour un niveau d'ambition élevé et d'apporter des avancées concrètes en termes de financement à court terme ou d'atténuation, contrairement à ce qui avait pu être espéré au cours des derniers jours précédant la conférence.

Si cette COP-15 a fait naître de grandes espérances, elles se sont transformées en une énorme déception, particulièrement chez les activistes de l'environnement. Nombreux sont ceux qui, perplexes, se sont demandé comment cet évènement si médiatisé a pu, malgré la pression médiatique extraordinaire dont elle a fait l'objet, déboucher sur des résultats aussi pitoyables. Observons également que l'échec n'a pas été immédiatement reconnu, mais, comme souvent, on l'a camouflé. Toutefois, peu à peu, le langage de la vérité a dû s'imposer.

Quelles ont été les raisons de l'échec de Copenhague ? Elles sont multiples, me semble-t-il. On peut les résumer comme suit : propositions excessives et beaucoup trop contraignantes pour les pays émergents, une attaque des altermondialistes contre l'économie de marché et un manque de rationalité. Voyons cela plus en détail.

Tout d'abord, il y a en effet eu les attentes excessives quant à l'issue de la rencontre ; on a ignoré l'adage de Talleyrand qui avait prévenu que ce qui est excessif est insignifiant. Lorsque, pendant des années, nous entendons qu'une conférence rassemblant les leaders mondiaux déclenchera, comme par un coup de baguette magique, un tournant marquant sur la Terre, qui va changer notre modèle de société, on ne pouvait que sortir déçus de l'expérience. Faire croire à des populations qui décèlent à peine l'épouvantable complexité du dossier énergie-climat que tout est possible et que le monde va changer sur base de décisions résultant d'une conférence ne pouvait aboutir qu'à la désillusion.

La seconde raison, c'est la prise de conscience, toute nouvelle à l'époque, de l'ampleur de l'impact social et économique négatif qu'aurait la mise en œuvre du développement durable et en particulier de la lutte contre le changement climatique d'origine anthropique. Impact social et économique, tant pour les pays de l'OCDE que pour les économies émergentes, sans parler de celles des pays pauvres. C'est la raison pour laquelle cette partie historique est décrite ici avec détails, car il s'agit en fait d'un tournant qui est à la base de la rédaction de ce livre et que nous allons bien entendu développer dans les chapitres suivants.

Si des réductions de consommation d'énergie sont souhaitables et des diminutions d'émissions de CO_2 s'avèrent possibles dans les pays riches moyennant des efforts significatifs, assurer un minimum de développement et de bien-être des populations des pays pauvres ou émergents en diminuant leur déjà souvent insignifiante consommation d'énergies fossiles relève par contre d'une véritable gageure. A elle seule, la Chine consomme autant de charbon que les U.S.A., l'UE, la Russie, le Japon et la Corée réunis. Ce combustible honni par les ONG environnementales, car il produit plus de CO_2 que toutes les autres énergies, représente 70 % de la consommation d'énergie chinoise. De plus, cette consommation, comme l'illustre la Figure 2-1, est en pleine croissance depuis au moins 1965 et de façon époustouflante depuis 2003, moment où la Chine est devenue l'atelier du monde pour produire les innombrables produits manufacturés que nous leur achetons sans compter. Comme la loi de la physique nous l'enseigne, il faut travailler pour produire ces produits manufacturés et donc il faut consommer de l'énergie ; et puisque le charbon est l'énergie qui est la plus abondante en Chine, il en résulte une augmentation ahurissante des émissions de CO_2.

Figure 2-1 Consommation de charbon en Chine

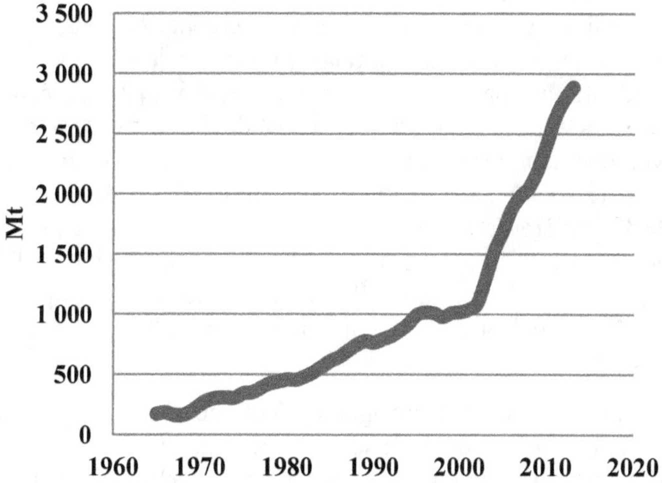

Assurément, à Copenhague, il ne pouvait être question pour la Chine – ni pour l'Inde, ni pour les autres pays émergents – de bloquer cette croissance. Comment pourrait-elle réduire sa consommation d'énergie et en particulier de charbon tout en devant assurer un taux de croissance d'au moins huit pour cent par an afin d'assurer la paix sociale ? En effet, il y a déjà près de 400 millions de chinois qui vivent « à l'occidentale » et quelque 1 200 millions qui vivent encore « à l'indienne » si on peut se permettre cette comparaison. Les autorités chinoises veulent que toute la population vive « à l'occidentale » et il n'y a qu'une solution pour cela : assurer une croissance annuelle d'environ huit pour cent. Car c'est bien la croissance économique qui a permis de sortir une grosse partie de la population de l'économie de subsistance et d'électrifier totalement le pays.

D'ailleurs, la distinction entre pays développés et en développement telle qu'établie dans le protocole de Kyoto ne tient plus. Par exemple la Chine ne devrait plus être comptée parmi les pays en développement, puisque un quart de la sa population jouit du même niveau de vie que nous. D'évidence,

Shanghai est plus développée, plus moderne, plus agréable à vivre – oserais-je dire plus propre ? – que Bruxelles.

Certains avancent que les pays émergents et l'Afrique ont fait échouer un accord contraignant lors de la COP-15. C'est sans doute vrai parce que ces pays ne sont pas prêts à marquer le même engagement que les pays de l'UE sur le plan du développement durable. Les pays les plus pauvres ont fait valoir qu'ils ne sont pas en mesure de réduire leurs émissions sans aide financière de la part des pays riches. C'est la raison pour laquelle l'UE avait décidé la mise à disposition d'une enveloppe de 7,3 milliards d'euros en faveur des pays pauvres s'ils s'engageaient dans la voie prônée pour elle-même et pour les autres.

Mais en plus, à Copenhague il y eut une confrontation sur le modèle de croissance de la société occidentale. Le message des activistes qui remettaient en question le modèle de société occidental était largement diffusé par les médias. En effet, dans les questions environnementales, il y a toujours de manière sous-jacente une opposition à la société de consommation: les dirigeants des mouvements écologistes les plus actifs sont en fait des opposants à l'économie de marché. Ceux qui ont voulu concilier les deux ont souvent été marginalisés. Le mouvement vert est par nature critique de la société de consommation et par conséquent de la liberté d'entreprendre et veut changer le mode de consommation.

Il ne s'agit nullement ici d'un jugement ou d'une interprétation mais d'une vision revendiquée avec force par les partis écologistes eux-mêmes.

Par exemple, Evo Morales, Président de la Bolivie, a déclaré tout de go à la tribune de cette conférence que le changement climatique est la conséquence du capitalisme et qu'il faut au plus vite l'abandonner pour adopter le socialisme[23]. Un tel discours ne pouvait que refroidir les U.S.A., qui en plus étaient déjà bien tièdes, malgré la volonté manifestée par leur président nouvellement élu, Barak Obama. De nombreux hommes politiques ont affirmé que la question allait bien au-delà du changement climatique et qu'il fallait profiter de l'opportunité présentée par la COP-15 pour changer de modèle de société. Ces revendications sont légitimes, peut-être même honorables, mais il serait mieux de jouer franc jeu et de ne pas agiter le spectre du catastrophisme climatique pour faire revenir Marx par la fenêtre quand ceux qui l'ont vécu et subi l'ont jeté dehors par la grande porte après des années de souffrances, de privation matérielles et de la liberté. Il est d'ailleurs intéressant d'observer que les pays qui étaient sous la coupe du Soviétisme ne sont pas aussi enthousiastes que les autres pour lutter contre les émissions de gaz à effet de serre.

Il y a une autre raison moins connue qui a conduit à cet échec de Copenhague. En 1997, lors de la Conférence de Kyoto, la question du changement climatique n'était pas aussi à la mode qu'elle l'est devenue en 2009. Les chefs d'Etat et de gouvernement n'avaient pas fait le déplacement dans l'ancienne capitale impériale japonaise pour cette réunion, pas plus que les vedettes de cinéma. La personnalité la plus en vue fut Al Gore, qui n'a été présent que quelques heures. Il était à l'époque Vice-président des U.S.A., et il est devenu par la suite vedette de cinéma avec un film sur la catastrophe imminente du changement climatique qui a endoctriné par le mensonge – d'ailleurs condamné par un juge britannique[24] – nombre de naïfs. Malgré sa profonde conviction personnelle, il n'a pas osé présenter le protocole de Kyoto pour ratification : le Sénat des U.S.A., par la résolution Byrd-Hagel adoptée à l'unanimité, avait fait savoir en juin de la même année qu'il était contre ce traité.

Les participants à la COP-3 étaient principalement des ministres de l'environnement [a], des fonctionnaires et des activistes d'ONG environnementales ; il était donc plus facile en

[a] De retour à Rome le ministre de l'environnement Edo Ronchi a dû subir la colère du chef du gouvernement italien de l'époque, Romano Prodi, qui dans une lettre très peu diplomatique lui reprochait « mais qu'a tu donc fais ! ». En tant que professeur d'économie, le président de Conseil italien avait compris les conséquences très négatives pour l'économie de son pays d'autant plus que ce protocole ne pouvait nullement calmer l'instrumentalisation des peurs par les activistes.

théorie de parvenir à un accord. D'autant plus que le protocole de Kyoto impliquait des politiques et mesures qui ne concernaient que les pays occidentaux[a], contrairement à ce qui avait été tenté à Copenhague. Pour les autres pays – y compris la Chine – les retombées de Kyoto étaient des bénéfices sous forme de projets environnementaux financés par les pays riches.

Mais au-delà de toutes ces raisons, ce qui a fait toute la différence entre la conférence de Kyoto et celle de Copenhague c'est que les chefs d'Etat et de gouvernement ont compris que réduire les émissions de CO_2 revenait à réduire la croissance, puisque se passer de manière significative des énergies fossiles relève de l'impossibilité – en tout cas pas avant quelques décennies. Répétons-le, une croissance économique même minime implique une consommation d'énergie disponible en continu. Cela ne résulte nullement de considérations politiques voire idéologiques mais d'un principe de base de la physique, comme nous l'avons vu au chapitre précédent.

Les inconditionnels du changement de modèle de société affirment que ceux qui ne croient pas au changement climatique anthropique sont soudoyés par des compagnies pétrolières. A mon avis, leur thèse ne tient plus, car si malhonnêteté il y a, il faut la chercher du côté des catastrophistes. En effet, quelques jours avant la conférence de Copenhague a éclaté le scandale du « Climategate ». Suite à un vol d'e-mails dans le plus grand centre de recherches climatiques du monde (le CRU [b] de l'université d'East Anglia) et au départ d'un serveur situé en Russie (est-ce un hasard ?), il existe à présent la preuve d'échanges obscurs, au cours de ces dernières années, entre les plus grands scientifiques du changement climatique. Obscurs, parce que ceux-ci s'expliquent entre eux comment modifier les données pour démontrer l'existence du réchauffement climatique ; mais plus grave encore, ils ont manigancé afin que

---

[a] Même la Corée du Sud, pourtant un pays à la pointe dans de nombreux domaines, n'était pas tenu de réduire ses émissions.

[b] Climate Research Unit.

des scientifiques – pourtant renommés mais ne partageant pas leur avis – ne puissent plus publier leurs articles dans des journaux scientifiques. Interdire la libre expression de la science, c'est le comble de l'antiscience !

La COP-15 a également été un révélateur des résistances de certains pays à tout type d'accord global contraignant, à l'idée d'une gouvernance mondiale et pas seulement dans le domaine du changement climatique, puisqu'elle est en fait symptomatique du refus d'engagements globaux contraignants dans les domaines monétaire et de la régulation financière. De façon générale, on peut affirmer que la conférence de Copenhague aura eu un effet négatif sur la confiance entre les partenaires mondiaux.

Cerise sur le gâteau, depuis la conférence de Kyoto de 1997, la température moyenne de la Terre telle que mesurée par les organes officiels et reportée par le GIEC n'a plus augmenté pendant 15 années[a,25] alors que 30 % de toutes les émissions de CO_2 depuis la révolution industrielle ont été émises pendant la même période. Ainsi, alors que la concentration de CO_2 dans l'atmosphère est passée de 365 parties par millions (ppm) au moment de la signature du Protocole de Kyoto, et qu'elle est de 395 ppm aujourd'hui, pendant ce temps, la température de la Terre telle que rapportée par la base de données HadCRUT (du centre de référence britannique mentionné ci-dessus) est restée stable, le GIEC parlant de *hiatus*[b25]. Même si le niveau est plus haut que ces dernières dizaines d'années, objectivement il faut reconnaitre que les émissions en croissance font augmenter la teneur en CO_2 de l'atmosphère terrestre mais sans qu'il y ait

---

[a] Le texte du GIEC dit exactement ceci : « Figure 9.8 demonstrates that 15-year-long hiatus periods are common in both the observed and CMIP5 historical GMST time series »[22].

[b] Le texte du GIEC dit exactement ceci :« In summary, the observed recent warming hiatus, defined as the reduction in GMST trend during 1998–2012 as compared to the trend during 1951–2012, is attributable in roughly equal measure to a cooling contribution from internal variability and a reduced trend in external forcing (expert judgment, medium confidence) »[22].

d'impact sur la température. Il n'y a donc ni corrélation et a fortiori pas de causalité entre la concentration de CO_2 dans l'atmosphère et la température globale, ce qui conduit le GIEC à chercher encore la cause de ce *hiatus*. Bien entendu, comme le dit cet adage de méthodologie statistique enseigné à tout apprenti-chercheur, « même s'il y a corrélation, il n'y a pas nécessairement causalité » (« correlation does not imply causation »). Ce n'est d'ailleurs pas parce que l'on a signé un accord en décembre 1997 à Kyoto que la température s'est stabilisée 18 ans. Mais je présente cette boutade parce que l'inverse est courant : les « réchauffistes » utilisent bien souvent des corrélations pour faire peur alors qu'il n'y a pas nécessairement de causalité.

2.4. Rio 2012, un nouveau point de départ

Vingt ans après le Sommet de la Terre, en juin 2012, le Brésil a voulu tirer le bilan de la stratégie onusienne. Quelle plus belle occasion que d'y arriver avec entrain pour relancer cette machine qui avait subi un coup d'arrêt dans la capitale danoise. Malgré la présence de représentants des 191 pays membres de l'ONU, le soufflé ne s'est pas remodelé, il est bel et bien resté plat. Pour les activistes, Rio 2012 fut une déception encore plus retentissante que celle de Copenhague en 2009, et ce d'autant plus qu'aucune des trois conventions signées vingt ans plus tôt n'avait donné de résultats probants. En effet, les émissions mondiales de CO_2 se montaient à 31,6 milliards de tonnes en 2011, soit une augmentation d'environ 50 % par rapport à 1992 et depuis, ce pourcentage n'a cessé de croître pour atteindre aujourd'hui 55 %. Lorsqu'après deux décennies, les résultats sont exactement le contraire des engagements, le moins que l'on puisse attendre est de s'interroger sur le bienfondé, si pas des objectifs que l'on s'était fixés, du moins de la méthode…

C'est pourquoi, bien avant la conférence de Rio de Janeiro, le monde bien informé – chefs d'Etat et de gouvernement en tête – savait qu'il n'allait rien sortir de réellement nouveau ni de contraignant de cette nouvelle grande rencontre onusienne. Au point que cette fois, les grands de ce monde ont été prudents. Ils n'y sont tout simplement pas allés, de peur de devoir endosser un maigre résultat. Même la délégation du Parlement européen n'a pas fait le déplacement, prétextant – sans doute aussi à juste titre – que les prix des hôtels à Rio étaient nettement surfaits. Même la personnalité politique européenne en fonction la plus ardente dans la lutte contre le changement climatique, Madame Merkel, elle qui a porté le projet « 20-20-20 » de l'UE, n'a pas suivi le conseil de Dario Moreno [a]: elle n'est pas allée à Rio. Bien entendu, les ONG écologistes ont fustigé « les dirigeants qui n'ont pas eu le courage de venir ici, de s'asseoir autour d'une table et de négocier eux-mêmes »[26]. Pourquoi auraient-ils dû y aller ? Pour fixer d'autres objectifs qui seraient de nouveau restés des vœux pieux ?

Presque un an avant cette conférence, le Danemark, qui présidait à l'époque le Conseil de l'UE, dans le cadre de la préparation de sa présidence européenne, avait fait déjà savoir qu'il ne s'attendait à aucun succès en matière de lutte contre le changement climatique et qu'il valait mieux se concentrer sur des sujets plus consensuels. C'est sans doute la raison pour laquelle les pays européens ont réussi à inclure dans le texte final le concept d'économie « verte » épargnant les ressources naturelles de la planète. Ce succès a déplu au président bolivien Evo Morales qui a déploré que c'était une nouvelle forme de colonialisme car « *les ressources naturelles appartiennent au peuple, elles ne peuvent être l'affaire des compagnies transnationales* »[27].

Mais les ONG vertes ont malgré tout tenté d'imposer de nouveaux objectifs, de renégocier un nouvel accord sur la protection des océans, notamment en rendant la vie difficile aux entreprises qui produisent des hydrocarbures en mer. Une autre ambition était de transformer le programme environnemental des Nations Unies en une super agence mondiale de l'environnement ; certains ont même suggéré la création d'un

---

[a] Voir page 44

« défenseur civique global »[28] en attendant la création d'une Cour de justice internationale pour l'environnement ou le changement climatique. Les mouvements environnementalistes ont eu beau monter au créneau, lancer des appels à une action rapide pour sauver la planète, se mettre en colère, dénoncer la faiblesse selon eux du document final, le résultat de Rio+20 a été un désastre pour leurs thèses. En effet, ce document imposé par le pays hôte est un compromis a minima, sans objectif contraignant ni financement et n'est donc pas de nature à « sauver la planète ».

A l'issue de cette conférence Rio+20 de 2012, dans une déclaration commune, le ministre danois de l'Environnement et président en exercice du Conseil environnement de l'UE de l'époque, Ida Auken, et le Commissaire à l'Environnement Janez Potočcnik ont déclaré que « *nous reconnaissons que Rio n'est que le début d'une série d'activités qui doivent être entreprises au niveau international* » et d'ajouter « *cependant, l'UE n'a pas réussi à obtenir des accords sur des objectifs précis dans une série d'autres domaines* »[29].

Le texte final de Rio+20, intitulé « Le monde dont nous voulons », a été adopté par consensus par 188 pays. La présidente brésilienne Dilma Rousseff a très bien compris le changement radical qui s'est produit à cette occasion, puisqu'elle l'a qualifié de « point de départ ». Le Brésil a compris qu'il fallait s'attaquer sérieusement à la pauvreté énergétique, l'objet du livre que vous tenez en main. En novembre 2003, le gouvernement fédéral Brésilien s'est lancé le défi de mettre fin à l'exclusion à l'accès à l'électricité dans tout le pays. Le programme « luz para todos » (lumière pour tous) visait pour 2008 à raccorder gratuitement à l'électricité plus de dix millions de Brésiliens qui vivaient en milieu rural. Ce projet, qui était coordonné par le Ministère des Mines et de l'Énergie, a été mis en œuvre par la compagnie d'électricité nationale Electrobrás. Lors de l'exécution du programme, de nouvelles familles sans accès à l'électricité ont été localisées de sorte que le programme a été étendu et s'est achevé en 2011. Malgré ce projet, il reste encore une large part de la population toujours sans accès à l'électricité, principalement dans les régions Nord et Nord-Est et dans les zones d'extrême pauvreté. Pour répondre à ces besoins, le gouvernement fédéral a créé une nouvelle phase du programme.

Rio+20 est en effet un point de départ – un nouveau point de départ – et non pas l'arrivée du processus de Rio lancé en 1992, et pour cause, puisqu'à l'époque – comme l'a d'ailleurs démontré l'activité frénétique au cours de ces vingt années – la décision majeure était la lutte contre le changement climatique. Cette fois c'est l'objet de ce livre qui est mis en avant : la pauvreté énergétique.

Même si les conclusions comprennent une longue liste de maux parmi lesquelles la désertification, l'appauvrissement des océans, la pollution et la déforestation, le risque d'extinction de milliers d'espèces, le premier point de la déclaration finale est « *l'élimination de la pauvreté* », qualifiée de « *le plus grand défi auquel le monde doit faire face aujourd'hui et un préalable indispensable au développement durable* ». Alors qu'avant c'était la peur d'une catastrophe climatique qui était le plus grand défi, c'est enfin la lutte contre la pauvreté qui est mise à l'honneur. Les dirigeants du monde semblent enfin déterminés à affranchir d'urgence l'homme de la faim et de la pauvreté.

Bien entendu, les ONG environnementales ne pouvaient pas s'opposer à cela mais elles ne peuvent assurément pas être satisfaites lorsque les conclusions poursuivent sur cette lancée en déclarant qu'il faut intégrer davantage les aspects économiques, sociaux et environnementaux du développement durable à tous les niveaux (ce qui, après tout, n'est que la définition du développement durable – voir Figure 1-1), et que pour éliminer la pauvreté il faut encourager une croissance économique durable, équitable et sans exclusive. Croissance ? Mais jusqu'à présent, les ONG les plus actives n'avaient-elles pas justement tenté de faire croire que la croissance était à proscrire ? Oui, assurément, Rio+20 est un nouveau départ.

La principale conclusion du Sommet Rio+20 est donc que la croissance est réhabilitée. Le lecteur et l'électeur français ne sera pas étonné de retrouver des similitudes avec la campagne électorale présidentielle du printemps 2012. « Croissance »,

« croissance » et « croissance » étaient les mots clefs. Ils le sont toujours car il ne pourra pas y avoir de sortie de crise, de création d'emplois, de remboursement de la dette souveraine sans croissance. Et non pas une croissance molle comme celle que nous avons subie ces dernières années: une croissance forte, dynamique et continue est indispensable afin de mettre en œuvre le double sens du mot « durable ».

Malgré tous les efforts, parfois louables, en matière d'énergies renouvelables, cette croissance économique indispensable va s'accompagner d'une croissance presque équivalente de la demande en énergies fossiles. Cependant, si on consomme plus d'énergies fossiles, il y aura plus d'émissions de dioxyde de carbone, ce qui est en totale contradiction avec l'objectif de la lutte contre l'effet de serre. Pour ne pas être totalement ridicule, il fallait donc abandonner la priorité qui était accordée au changement climatique. Bien entendu, cet objectif n'est pas abandonné, mais il n'apparait qu'au point 17 des conclusions du Sommet Rio+20, en demandant aux Etats-Parties de « *s'acquitter pleinement de leurs engagements, conformément aux principes et dispositions desdites conventions, à prendre à cet effet des mesures efficaces et concrètes à tous les niveaux et à renforcer la coopération internationale* ».

On comprendra que les ONG environnementales aient été très en colère. Venus en force, les milliers de militants ont clamé leur déception et ont dénoncé « l'échec ». Echec pour le militantisme climatique sans doute, mais pas pour les pauvres. Notons aussi que ces ONG écologistes prétendent représenter « la société civile » alors que leur but est avant tout de défendre d'abord la Nature et non pas d'abord les Hommes.

Nous allons voir dans la suite de ce livre que le Brésil a été bien inspiré d'imposer ces conclusions de Rio+20. La pauvreté est inadmissible, d'autant plus scandaleuse que nous sommes à une époque où nous n'avons jamais eu autant de possibilités de l'éradiquer. Or l'énergie est indispensable pour mener à bien cette éradication.

Toutefois, la croissance n'est pas un objectif en soi; ce n'est que le moyen pour conduire à des conditions de vie comme celle dont nous jouissons aujourd'hui. Eradiquer ou du moins limiter la pauvreté crée des emplois, améliore les conditions sanitaires et *in fine* augmente l'espérance de vie (Figure 2-2).

Figure 2-2 Croissance, pauvreté et espérance de vie

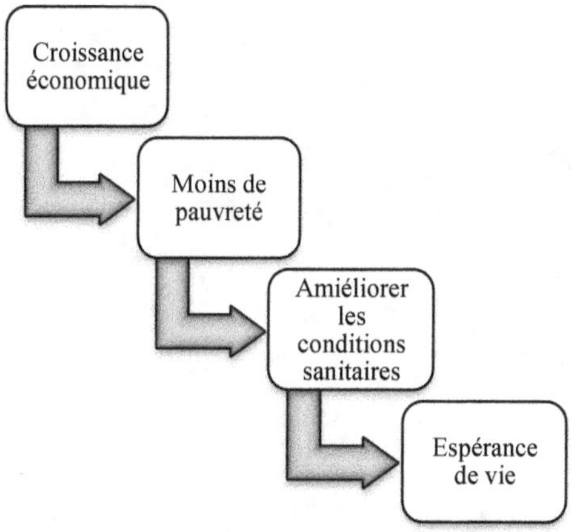

C'est un fait incontestable: l'espérance de vie d'une population dépend de la consommation d'énergie. Si, en Europe, on a atteint un niveau d'espérance de vie de plus de 80 ans, c'est parce que les conditions sanitaires et hygiéniques ont atteint un niveau inégalé dans l'Histoire grâce à la consommation d'énergie. Sans énergie, il n'y pas de soins de santé, pas de médicaments, pas d'hôpitaux, et *in fine* il y a régression de l'espérance de vie. La Figure 2-3, obtenue par une application sur le site de la Banque Mondiale, illustre ce qui vient d'être dit. Il suffit d'un peu plus d'énergie pour que l'espérance de vie augmente considérablement. On notera également que certains pays consomment énormément d'énergie sans toutefois qu'il y ait amélioration ultérieure de l'espérance de vie. On conclut aisément qu'il faut consommer de l'énergie pour vivre vieux, mais que le gaspillage énergétique n'allonge pas l'espérance de vie. Dans ce qui nous occupe avec ce livre, nous devons donc admettre que si l'on veut que les populations des pays pauvres et émergents vivent aussi bien que nous et vivent aussi vieux que nous, ils doivent consommer plus d'énergie. Ceci explique le titre de cet essai: sans énergie moderne, la vie est pauvre, désagréable et brève.

Figure 2-3 Espérance de vie en fonction de la consommation d'énergie par personne
(graphique de la Banque Mondiale)

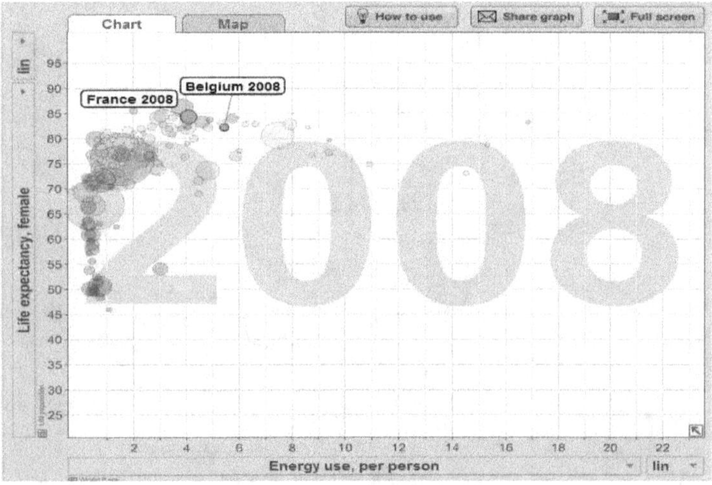

2.5.La Conférence de Paris

Après Rio+20, l'étape reine du tour environnementaliste de l'ONU est arrivée à Paris. La COP-21, qui s'y est tenue du 30 novembre au 5 décembre 2015, a été pour le gouvernement français un évènement d'une importance primordiale, tant au niveau international que national. Le Président et le gouvernement français ont tout fait pour que cette conférence internationale soit un succès et d'évidence, contrairement à la conférence de Copenhague, ce fut une réussite de ce point de vue. Une des causes de ce succès est que la capacité d'action de la diplomatie de la France n'est pas du tout comparable à celle du Danemark. Grâce à cette capacité diplomatique, chaque Etat participant à la conférence a été abordé avec efficacité afin d'arriver au consensus tant attendu : 194 Etats ont été traités d'égal à égal par la France. Le travail diplomatique a été mené de manière exemplaire, telle une armée en marche, de telle sorte que le monde diplomatique français est parvenu à faire vibrer à l'unisson tous les dirigeants du monde. Le rôle tout à fait déterminant du ministre des Affaires étrangères, Laurent Fabius, est à souligner: le Président Hollande ayant compris que la négociation était plus une question diplomatique qu'environnementale, il a préféré demander à son ministre des relations extérieures de conduire la négociation plutôt que par la ministre du Développement durable. Le Commissaire européen en charge du dossier, Miguel Arias Cañete, a également joué un rôle très actif et déterminant afin d'arriver à ce succès international.

Les médias officiels ont été mobilisés pour appuyer cette démarche. Les télévisions et les radios publiques françaises ont toutes appuyé les efforts diplomatiques. France 24, une chaine publique française d'information internationale, avec un accent particulier pour l'Afrique, n'a eu de cesse de parler de la COP-21. Tout était occasion pour parler de changement climatique à toutes les heures du jour, même sur des sujets où le changement climatique n'avait rien à voir. Le meilleur spécialiste météo de France télévision, Philippe Verdier est d'abord mis à pied ensuite licencié, après 23 ans passés dans le service public, parce qu'il a osé contredire la ligne officielle française[30]. Le Pape François a apporté sa contribution avec son encyclique *Laudate Si*, qui est un plaidoyer appuyé en faveur de la lutte contre le changement climatique. Les vedettes du show-business comme Leonardo Di Caprio ont apporté aussi leur contribution afin de faire monter la pression. Enfin, il faut souligner le rôle discret mais très efficace du monde financier qui avait intérêt à faire réussir cette conférence, car il y avait à la clef la promesse de dépenser cent milliards de dollars par an, de l'argent qui devrait transiter forcément par le système bancaire international.

Le résultat a été salué par tous et François Hollande pouvait déclarer avec lyrisme sur Twitter « il est rare dans une vie d'avoir l'occasion de changer le monde [...] pour que vive la planète »[31]. Il faut toutefois souligner que contrairement au Protocole de Kyoto, il n'y a pas d'engagements contraignants par les 194 Etats mais chaque Partie établit, communique et actualise « les contributions déterminées au niveau national successives qu'elle prévoit de réaliser » (mieux connues dans le jargon anglais comme NDC[a]) qu'elle prévoit de réaliser. En ce qui concerne les pays pauvres, on soulignera que l'article 4.1 de l'Accord de Paris[32] dit que les Parties, donc pas uniquement les pays développés, « cherchent à parvenir au plafonnement mondial des émissions de gaz à effet de serre dans les meilleurs délais, étant entendu que le plafonnement prendra davantage de temps pour les pays en développement parties, et à opérer des réductions rapidement par la suite ». Le texte précise que les pays en développement devraient continuer d'accroître leurs efforts d'atténuation, et sont encouragés à passer progressivement à des objectifs de réduction ou de limitation des émissions à l'échelle de l'économie eu égard aux contextes nationaux différents. Mais il convient d'observer qu'il n'y a pas de mention de réduction absolue des émissions, car cela est tout simplement impossible si c'est pays veulent – et ils le veulent – sortir de la pauvreté. En effet, d'emblée dans le préambule, il est bien question de la nécessité de tenir compte de l'indispensable accès à l'énergie en particulier pour les pays pauvres : « *Considérant la nécessité de promouvoir l'accès universel à l'énergie durable dans les pays en développement, en particulier en Afrique* »[32].

D'ailleurs, l'Accord de Paris a été possible parce que les pays pauvres ont obtenu des dérogations. Si l'accord prévoit que les pays développés devraient continuer de montrer la voie en assumant des objectifs de réduction des émissions en chiffres absolus à l'échelle de l'économie, il précise aussi que les pays en développement devraient continuer d'accroître leurs efforts d'atténuation. Dans les deux cas il s'agit d'un conditionnel et non d'un impératif. De plus, pour les pays en développement, il est précisé qu'ils sont encouragés à passer progressivement à des objectifs de réduction ou de limitation des émissions à l'échelle de l'économie « eu égard aux contextes nationaux

---

[a] « Nationally Determined Contribution » that it intends to achieve.

différents ». Ces derniers mots sont cruciaux car ils permettent à chaque pays concerné de faire valoir ses conditions de pauvreté lorsqu'ils ne parviendront pas à réduire leurs émissions. D'ailleurs, pour bien circonscrire cette disposition, il est immédiatement précisé que « *les pays les moins avancés [...] peuvent établir et communiquer des stratégies, plans et mesures de développement à faible émission de gaz à effet de serre correspondant à leur situation particulière* ». Il n'y a *in fine* aucune contrainte de limitation des émissions et pour cause: comme lors de la conférence Rio+20, les pays savaient que la croissance tant recherchée allait s'accompagner de croissance des émissions de CO_2 ; sans cela il n'y aurait pas eu d'accord. Tout le mérite du président de la conférence a été précisément de demander des engagements qui ne sont pas des contraintes, des freins à la croissance économique et donc énergétique.

Une des principales décisions de la COP-21 est de confirmer la nécessité de créer un Fond vert pour aider les pays pauvres ; elle « *demande fermement aux pays développés parties d'amplifier leur aide financière, en suivant une feuille de route concrète afin d'atteindre l'objectif consistant à dégager ensemble 100 milliards de dollars des États-Unis par an d'ici à 2020 pour l'atténuation et l'adaptation tout en augmentant sensiblement le financement de l'adaptation par rapport aux niveaux actuels et de continuer à fournir un appui approprié en matière de technologies et de renforcement des capacités* ». Toutefois, les modalités de création de ce Fond vert restent encore à déterminer: s'agira-t-il de dons, de prêts et auquel cas avec ou sans intérêt, de fonds publics ou privés et dans quelle proportion ? Tout reste encore à décider.

3.

Protéger l'environnement, un souci de riches

Nous venons de constater que les pays pauvres ont veillé à ne pas être soumis à des contraintes, pas plus d'ailleurs que les pays riches puisque les « indications nationales » sont... indicatives. Ayant bien d'autres préoccupations immédiates et incontournables, comment les pays pauvres pourraient-ils se soucier de peurs futures alors que la misère est là, patente et terriblement injuste ? Pour répondre à cette question il est opportun ici de s'arrêter un instant sur la théorie de la pyramide des besoins, dite de Maslow.

3.1. Maslow avait vu juste avec sa pyramide

Abraham Maslow, fils d'émigré juif à New York, est une référence pour de nombreux psychologues dans le monde entier grâce à ses travaux, notamment sur la satisfaction, la psychologie humaniste et la psychologie transpersonnelle, qui s'intéresse à la dimension spirituelle de l'homme. Au début des années 1950, grâce à ses nombreux travaux sur la motivation et sur le sentiment de plénitude, il établit une théorie de la motivation et des besoins, connue précisément sous le nom de « Pyramides des besoins de Maslow » (Figure 3-1). Il a observé que, dans une société, certains besoins de base devaient d'abord être satisfaits avant de penser à satisfaire d'autres plus nobles. Il développe ainsi une hiérarchie de cinq niveaux qui considère que l'Homme ne peut arriver au plein développement de son psychisme que s'il est satisfait sur tous les niveaux précédents de cette échelle.

Figure 3-1 La pyramide des besoins ou de la motivation selon Abraham Maslow

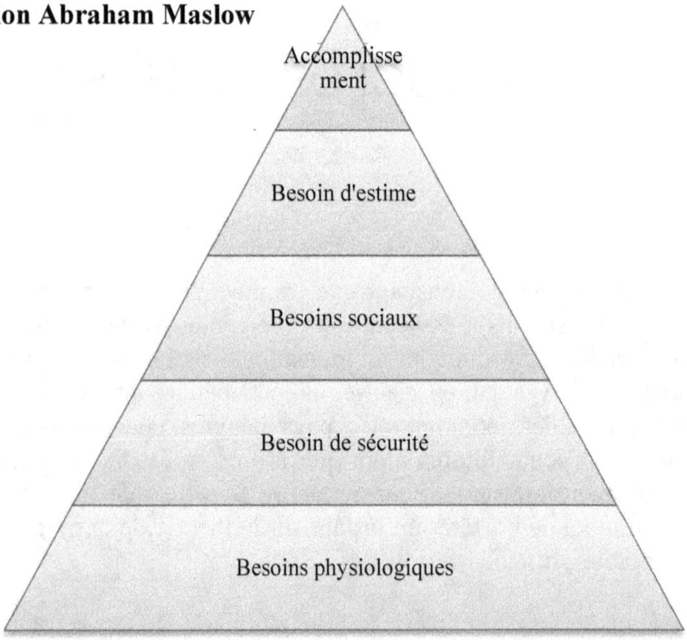

Cette théorie explique que l'Homme a avant tout des besoins physiologiques (nourriture, boisson, sommeil, sexualité). Ce n'est que si ceux-ci sont assouvis qu'il va être en mesure de se préoccuper de sa sécurité et de sa protection (habitat) pour assurer sa survie. Ensuite, il cherchera à appartenir à un groupe (famille, clan, tribu) afin de remplir des besoins sociaux. Il cherchera alors l'estime de soi par la reconnaissance (être quelqu'un, avoir un nom, une position, une fonction) ; il s'agit là de besoins psychologiques. Lorsque tous ces besoins auront été remplis, et seulement alors, l'Homme va se préoccuper de son épanouissement personnel, de son auto-accomplissement (culture, altruisme, engagement). Bien entendu, la quantité et la nature de ses besoins de satisfaction de chacun de ces étages de la pyramide varient au cours de l'histoire de l'humanité.

3.1.1. Les pauvres ne sont pas en haut de la pyramide

« Ventre affamé n'a pas d'oreilles » est un principe universel que Berthold Brecht a très bien compris et sur lequel il insiste dans son œuvre : permettre à l'homme de s'alimenter est indispensable avant de penser à toute forme de morale. C'est ce qu'il dit dans le chant de la scène six de l'Opéra de quat'sous. Dans une autre pièce, la Bonne Âme du Se-Tchouan, Brecht montre au travers de son personnage Shen-Té qu'il est impossible d'appliquer des principes de bonnes morales face à une misère qui pousse ses voisins à toutes sortes de malices pour sortir de cette misère. C'est pour cela que nous avons mis des citations de cet auteur en exergue de ce livre. Il ne s'agit pas de considérations environnementales, énergétiques ou encore politiques, mais qui résultent de l'observation de la vie.

Ce principe universel est également celui de l'Armée du Salut, dont le fondateur, William Boots, était convaincu qu'il fallait donner aux démunis d'abord du pain et du savon avant de pouvoir éventuellement leur annoncer la parole de l'Evangile de Jésus-Christ, avant de parler du salut de leur âme ! Ce principe de base du fonctionnement de l'âme humaine est malheureusement ignoré par certains nantis occidentaux qui désirent imposer à des masses miséreuses des restrictions qu'eux même ne sont pas capables de s'imposer, même s'ils aiment suivre quelques opérations médiatiques comme celle de l'action *Earth Hour*.

En l'occurrence, alors qu'une grosse partie de leurs habitants fait partie du milliard trois cents millions d'êtres humains qui n'ont pas accès à l'énergie, s'imaginer que les pays africains se feront un devoir de contribuer à la limitation de la croissance de la température du globe de 2°C en 2100 est difficile à imaginer. D'autant plus que cette théorie est fondée sur des modèles mathématiques dont les résultats sont contredits[33]. Si ces modèles prévoient des bouleversements climatiques dans un siècle, les pauvres subissent aujourd'hui les bouleversements de la misère, de la maladie et du travail pénible. Leur imposer notre vision est à mon sens une faute morale. Comment leur faire admettre que notre modèle de développement n'est pas à copier alors que beaucoup d'entre eux utilisent de la bouse de vache ou de chameau, pourtant une énergie renouvelable, pour cuire leurs aliments ? Comment pouvons-nous penser qu'une personne que la mort par malaria guette à cause du manque d'hygiène élémentaire, puisse se préoccuper d'études qui prévoient la disparition d'une espèce animale dans un siècle ou de la montée des eaux dans un coin de terre dans un océan lointain dont ils n'ont jamais entendu le nom ?

3.2. Etre riche pour protéger l'environnement

Même si c'est tout à fait légitime et – je l'affirme – nécessaire, la protection de l'environnement est un souci de riches. Cela peut sembler paradoxal, mais si nous voulons que les habitants des pays qui consomment peu d'énergie se soucient de l'environnement, ils doivent d'abord devenir riches et – autre paradoxe – pour ce faire, ils consommeront forcément de l'énergie qui produira des gaz à effet de serre. En effet, ce n'est qu'en générant des activités à travers les nouvelles technologies, qui permettront à leur tour une meilleure utilisation des ressources, que ces populations parviendront, elles aussi, à souhaiter la protection de la Planète. Mais pour cela, il leur faut de l'énergie, et de l'énergie en abondance.

Lorsque les habitants d'Afrique et d'Asie auront toute l'énergie dont ils ont besoin, la croissance économique les conduira à se soucier de la protection de l'environnement. Ils iront même plus rapidement que nous dans cette direction, car lorsque l'Europe s'est développée, cette question de la protection de l'environnement n'existait pas. Aujourd'hui si les dirigeants des pays pauvres ne s'en soucient pas autant que ceux des pays riches, ils sont néanmoins bien au courant de cet enjeu primordial. Pas plus que nous, ils ne peuvent accepter de vivre dans un monde pollué. Heureusement, il y a aujourd'hui toutes sortes de technologies qui permettent de limiter les pollutions de l'air, de l'eau et des sols. Mais pour les mettre en œuvre, il faut de l'argent, c'est-à-dire qu'il faut devenir riche, qu'il faut donc du développement économique et qu'il faut donc consommer de l'énergie. Le vecteur ne va que dans une direction : pour sortir de la misère il faut consommer de l'énergie, et lorsqu'on est sorti de la misère, on va commencer à se soucier de l'environnement. Rêver de l'inverse n'est possible que pour des nantis.

Figure 3-2 Comment améliorer l'environnement ?

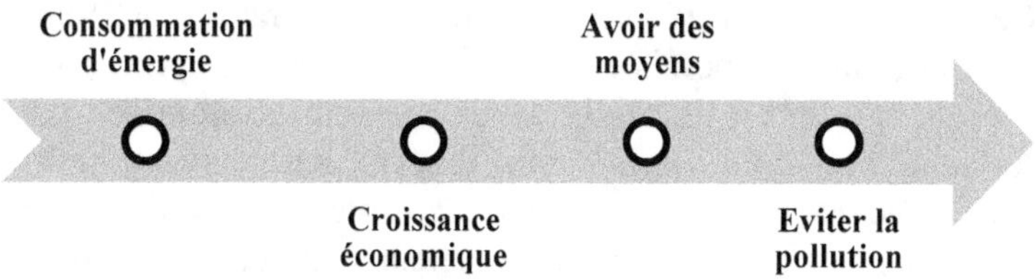

3.2.1.La théorie de Kuznets

Jacques Ellul, le philosophe et sociologue français bien connu, considérait que c'est l'idéologie du progrès, qui provoquait la crise de la société occidentale[34]. Il a fustigé le progrès, parce que pour lui, il est porteur de pauvreté, de pollution et de destruction de la nature. Pour ce philosophe protestant, la Technique (entendue par lui au sens large d'ailleurs) répond à une logique d'auto-croissance et donc le progrès s'autoalimente, de sorte que, selon lui, la pollution, conséquence de ce progrès, ne peut que croître[34]. Ellul n'aime pas la Technique car il estime que les solutions qu'elle génère causent plus de nouveaux problèmes qu'elle n'en résout, enclenchant ainsi un mouvement de spirale infernale. Il fut parmi le premier au XXème siècle à proposer d'arrêter la croissance, au point qu'il peut être considéré comme le père spirituel de la décroissance. Mikhaïl Bernstam, un économiste américain, admet lui aussi que l'industrialisation se caractérise d'abord par un impact négatif de la croissance générée sur l'environnement[35]. Cependant, dans des conditions de marché libre, à un moment donné, cette relation est inversée en vertu d'une « main invisible de l'environnement », de sorte que la croissance est accompagnée par une augmentation de la productivité des ressources et une diminution des déchets. Pour Bernstam, la croissance économique est la meilleure façon d'éviter la pollution, bien plus efficace que les législations et protocoles ou accords internationaux.

Jacques Ellul a toutefois raison sur un point : la Technique propose bien des mesures pour corriger ses propres erreurs ! Cette réalité est très bien décrite par le travail de Simon Kuznets, un économiste américano-biélorusse, prix Nobel d'économie en 1971, sur le développement économique dans les années 1950. *In tempore non suspecto*, Kuznets établit, dans son célèbre article « Economic growth and income inequality » [36], une série d'indicateurs liés au revenu par habitant. Il démontre que les inégalités de revenus sont inévitablement appelées à s'atténuer au fur et à mesure du développement économique. Si les inégalités s'accroissent au cours des premières phases de l'industrialisation (les capitalistes exploitant la classe ouvrière sans défense), à un certain moment, elles vont spontanément diminuer au fur et à mesure du développement économique sous l'effet conjugué des hausses de salaire, de la concurrence générée par l'apparition de nouveaux entrepreneurs et de l'innovation technologique. L'application de cette théorie de Kuznets à la dégradation de l'environnement montre que la dégradation environnementale est un phénomène intrinsèque aux premiers stades du développement économique.

Figure 3-3 La courbe environnementale de Kuznets

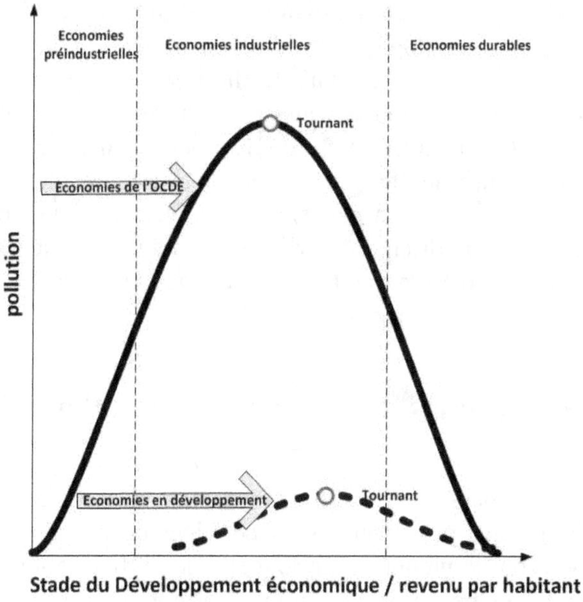

Ainsi, chaque pays connaît une pollution croissante dans les premiers stades de la croissance économique, mais au-delà d'un certain niveau de revenu par habitant, la tendance s'inverse. La position de cette inversion varie en fonction de différents indicateurs. Cette évidence de la vie courante est appelée la « courbe environnementale de Kuznets ». Représentée graphiquement, elle a la forme d'une courbe en forme de cloche (Figure 3-3) qui illustre qu'au début de la mise au point d'un processus, d'un développement économique, il n'y a pas assez de soin porté à l'environnement ou au développement durable, mais avec le temps, avec le progrès, advient alors un « tournant » lorsqu'on réalise les impacts négatifs. Des mesures sont alors mises en œuvre afin de limiter les nouveaux impacts négatifs, voire de récupérer les dégâts occasionnés.

Les bienfaits de cette prise de conscience environnementale des pays développés rejaillissent positivement également sur les pays en développement car la prise de conscience des dommages environnementaux et la disponibilité des technologies propres d'aujourd'hui leur donnent la possibilité de faire un saut technologique et de ne pas répéter nos erreurs du passé. Cela a pour résultat de limiter la dégradation de l'environnement par rapport aux pays développés, ce qui est illustré par un aplatissement de la courbe en cloche. Cette théorie est confirmée par de nombreux exemples, bien que les opposants du progrès se plaisent à la contester. Nous pouvons résumer avec Friedrich Hölderlin, un romantique allemand du XIXème siècle, pour qui « là où le danger croît, la puissance salvatrice croît également »[37].

3.3.Trois quarts de l'humanité est urbanisée

Avant de passer à l'analyse proprement dite de la situation énergétique des pays pauvres, il convient de poser une autre considération de nature générale, celle de l'urbanisation de nos sociétés. Comme jadis en Europe, partout dans le monde la campagne et la montagne – comme chantait si bien Jean Ferrat – se vident car l'attrait de la ville reste fort. Cette réalité n'est certainement pas une nouveauté. Selon la tradition judéo-chrétienne, c'est tout au début de la Genèse (chapitre 4) que le Jardin a bien vite été délaissé par Caïn qui construisit la première ville. Peu après, toujours selon cette histoire, c'est grâce aux suintements de pétrole, qui allaient pouvoir servir de liant pour la maçonnerie, que la ville de Babel fut construite. Cette même tradition prévoit que l'histoire du monde se terminera dans une ville céleste et non pas un jardin céleste. Ensuite, dans la civilisation grecque, l'élite se rencontre dans la Cité. Socrate assurait à Alcibiade que « *Ce n'est pas de murs, ni de trières [ou trirèmes], ni de chantiers que les villes ont besoin pour être heureuses, ni de population, ni de grandeur, si la vertu leur manque* »[38]. Pouvons-nous dire aujourd'hui que l'on pourrait remplacer « vertu » par « énergie » ?

Le développement économique et le foisonnement culturel dans l'Italie de la Renaissance prennent leur origine dans des villes qui se font concurrence par la vertu. Depuis, ce phénomène ne fait que s'amplifier car l'Homme étant par nature social, il désire vivre en société et c'est donc tout naturellement dans les villes que l'humanité se concentre. Nier cette réalité conduit à des utopies sociologiques et par conséquent énergétiques, pour rester dans le thème qui nous occupe. L'Homme – sauf exception – ne retournera pas habiter dans une nature idéalisée où il pourra mener une vie frugale, vivre « comme dans le bon vieux temps », avec peu d'énergie et uniquement celle qui est renouvelable.

D'autant plus que partout on prépare des villes intelligentes (Smart Cities) qui permettront d'améliorer la qualité de vie, de diminuer la pollution et de consommer moins de ressources. L'économie circulaire, les nouvelles technologies de l'information, l'Internet des objets vont révolutionner nos modes de vie et la Ville deviendra encore plus attirante.

Ce constat sociologique nous conduit à affirmer que la société moderne ne peut plus se passer d'une énergie abondante, bon marché et propre. Ce n'est d'ailleurs pas l'auteur qui l'affirme mais les pères fondateurs de l'UE qui, réunis à Messine les 1er et 2 juin 1955, ont déclaré, dans « la résolution de Messine » [39], qu'il ne pouvait y avoir d'avenir pour la Communauté européenne, comme on appelait alors l'UE, sans énergie abondante et bon marché. Ils avaient tout simplement admis le principe de physique que nous avons évoqué plus haut.

Si, au niveau mondial, la moitié environ de la population vit dans les villes, au sein de l'UE, 75 % des habitants vivent dans les zones urbaines où est généré 85 % du PIB européen. Du fait que l'industrie, grosse consommatrice d'énergie, n'est pas toujours imbriquée dans les villes, comme ce fut le cas lors de la révolution industrielle, ce n'est pas 75 % mais 70 % de la demande totale en énergie primaire de l'UE qui est consommée dans les zones urbaines. Puisque ce phénomène d'urbanisation n'est pas près de se tarir, il est très probable que, comme l'indique l'Agence Internationale de l'Energie, la consommation énergétique urbaine va augmenter deux fois plus rapidement que le taux de consommation de toute l'UE et en particulier la consommation dans le secteur du transport urbain pourrait doubler d'ici 2050 malgré les progrès en matière d'efficacité énergétique des véhicules[40].

Souvent les habitants de ces zones rurales n'ont pour seule perspective que de produire leur propre alimentation pour subsister, ou au mieux pour vivre sobrement. Il n'est donc guère étonnant que l'exode rural se poursuive. Si dans l'UE environ trois quarts des citoyens ont préféré les centres urbains, dans le monde ils ne sont encore que la moitié. Mais quand on sait qu'en ville il est plus aisé d'avoir de « la lumière », de l'eau potable, l'enseignement et les soins de santé, et – pourquoi ne pas le dire – les divertissements et les loisirs, on devrait avoir l'humilité d'admettre que cela continuera et qu'*in fine* cela pourrait être les trois quarts de toute la population mondiale qui vivra en zones urbaines.

Toutes les facilités présentées par la société de consommation attirent et attireront. Vouloir le nier serait un contresens historique. Que ceux qui estiment que cela ne doit pas être ainsi aient le courage de mettre en conformité leur discours et leur mode de vie et prennent une valise en carton – comme le fit mon père en 1948 en quittant ses orangers de Calabre pour aller travailler dans un charbonnage à Charleroi – pour retourner repeupler les campagnes. Il est toutefois étrange de noter que malgré des décennies de discours haineux contre la société de consommation, le Larzac – la région emblématique du retour à la Nature dans les années 1970 – soit resté si peu peuplé, malgré quelques expériences personnelles réjouissantes.

Dans notre réflexion sur l'énergie, il convient d'intégrer cette réalité et tendance inéluctable. Proposer des solutions valables dans les zones rurales ou isolées – bien que méritoire et nécessaire – ne doit pas se faire aux dépens de solutions bien plus ambitieuses, indispensables au développement des villes et des industries, fussent-elles petites ou moyennes.

4.

LA TRISTE RÉALITÉ DE LA PAUVRETÉ ÉNERGÉTIQUE

La question de la pauvreté reste lancinante en particulier celle qui concerne la faim dans le monde. Paradoxalement, ce n'est pas le manque de nourriture qui en est la cause ; les aliments ne manquent pas, mais c'est leur répartition qui laisse subsister de terribles poches de malnutrition – qui peut parfois conduire à des famines. Heureusement, on prend à présent conscience du gaspillage d'aliments. Pour l'énergie, c'est pareil: l'énergie est abondante, mais c'est sa répartition qui crée la pauvreté énergétique, qu'elle soit extraite sur place ou pas ne changeant rien à ce terrible constat. Bien entendu, à l'instar du gaspillage alimentaire, le gaspillage énergétique doit être évité.

4.1. Des progrès concrets dans la lutte contre la pauvreté

A New-York en l'an 2000, les Nations Unies ont décidé huit « Objectifs du Millénaire pour le Développement » (OMD) à atteindre pour 2015 afin de lutter contre la pauvreté, la faim et la maladie. Ceux-ci ont permis d'arriver à des résultats concrets et importants vers ces buts[41]. Par leur travail en commun, les gouvernements, les instances internationales, dont la Commission européenne, le secteur privé et la société civile ont réussi à sauver de nombreuses vies et à améliorer les conditions de vie d'un nombre sans cesse croissant de personnes. Malgré la crise financière mondiale qui a frappé durement l'économie mondiale en 2008, le monde a même atteint quelques objectifs importants à l'avance.

En 2015, pour la première fois, et en dépit d'une population mondiale croissante, le nombre de personnes dans l'extrême pauvreté[a], a été réduit à moins de dix pour cent[42] (Figure 4-1). En dépit de l'augmentation de la population, le nombre total de personnes vivant dans l'extrême pauvreté est au plus bas depuis 25 ans : il est passé de 900 millions en 2012 à 700 millions en 2015. En dépit de la croissance de la population, le nombre mondial de décès chez les moins de cinq ans est passé de plus de 12 millions en 1990 à 7,6 millions en 2010. Des millions d'enfants qui n'étaient pas susceptibles de survivre jusqu'à leur cinquième anniversaire ont dépassé ce seuil critique et de plus en plus d'enfants sont scolarisés. La parité entre filles et garçons dans l'éducation primaire a été atteinte. De nombreux pays confrontés aux plus grandes difficultés ont fait des progrès importants dans l'accès à l'éducation primaire pour tous. La proportion des personnes n'ayant pas accès à une eau potable a été réduite de moitié et il y a un meilleur assainissement des eaux usées. La part de citadins vivant dans des taudis dans le monde en développement est passée de 39 % en 2000 à 33 % en 2012. L'incidence des maladies telles que le sida, le paludisme et la tuberculose est en baisse; partout les progrès sont tangibles.

L'Afrique subsaharienne et l'Asie du Sud sont les zones où se concentre le plus la misère, avec respectivement 35 % et 14 % de la population qui est dans l'extrême pauvreté. En 2015, en chiffres absolus arrondis, il y avait 250 millions de personnes

---

[a] La Banque Mondiale définit l'extrême pauvreté l'état des personnes qui gagnent moins de 1,90 $ par jour.

en Asie du Sud et 350 millions en Afrique subsaharienne qui vivaient dans l'extrême pauvreté[24]. Si on regarde la tendance à la décroissance de l'extrême pauvreté, on est en droit de se réjouir, mais on doit aussi souligner le pourcentage inadmissible de personnes dans l'extrême pauvreté en Afrique subsaharienne.

Figure 4-1 Nombre de personnes dans l'extrême pauvreté (données de la Banque Mondiale)

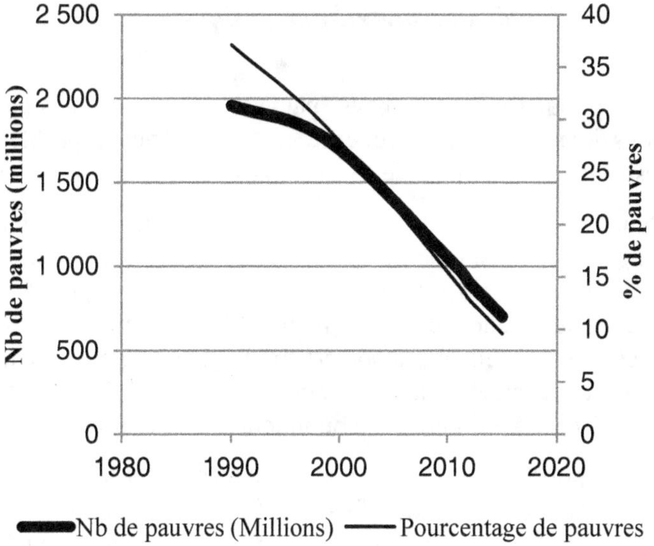

Ces progrès réjouissants sont-ils dus aux Objectifs du Millénaire pour le développement ou bien résultent-ils de la globalisation ? Peu importe, le constat est évident, les progrès sont tangibles. D'autres progrès encore encouragent à garder l'optimisme pour que le monde soit plus viable, du moins du point de vue matériel et environnemental. C'est pourquoi, en septembre 2015, les Nations Unies ont adopté un nouveau programme de développement durable[43], articulé cette fois autour de dix-sept objectifs de développement durable pour mettre fin à la pauvreté, promouvoir la prospérité et le bien-être pour tous tout en protégeant l'environnement. L'objectif sept vise à garantir l'accès de tous à des services énergétiques fiables, durables et modernes, à un coût abordable notamment d'ici à 2030, mais aussi d'accroître nettement la part des énergies renouvelables dans le bouquet énergétique mondial. Ce dernier mot est primordial car les pays pauvres sont eux les champions des énergies renouvelables (mais avec un impact environnemental désastreux) et ils devraient au contraire, comme on va le voir, diminuer leur part totale des énergies renouvelables.

4.1.1. Le fléau de la pauvreté énergétique

Les populations des pays pauvres resteront dans leur inadmissible situation tant que ne sera pas résolu le problème qui est l'objet de ce livre, celui de la pauvreté énergétique.

Aujourd'hui, trop d'enfants ne peuvent pas faire leurs devoirs à la maison parce qu'il n'y a pas d'électricité. Les aliments ne peuvent pas être conservés frais parce qu'il n'y a pas de réfrigérateur à cause du manque d'électricité. Dans ces pays en développement, la société moderne de type occidental n'existe tout simplement pas. Cette situation inacceptable tant d'un point de vue éthique qu'économique n'a que trop duré.

C'est pour cette raison que l'Agence Internationale de l'Energie, pour la première fois en 2011[44] mais depuis elle le fait régulièrement, produit, dans le cadre de ses études annuelles sur les perspectives énergétiques du monde, une analyse fouillée de la question de la pauvreté énergétique. Il ne s'agit pas là d'une simple inflexion, mais c'est devenu une vraie priorité. On reconnait qu'on ne peut pas progresser vers un développement et encore moins vers un développement durable sans une énergie accessible à tous les êtres humains. Bien qu'on continue à mettre l'accent sur l'énergie propre, à mon sens, le plus urgent est l'accès à l'énergie tout court. Imaginez que l'on ait dit à Mère Theresa qu'avant de s'occuper des pauvres de Calcutta, elle aurait dû éliminer la pollution et la saleté dans cette ville… Elle n'en serait jamais venue à bout. Au contraire, elle a préféré s'occuper des pauvres, qui, une fois sortis de la misère, vont devenir plus attentifs à l'environnement, comme nous l'avons vu avec la pyramide de Maslow.

L'Agence Internationale de l'Energie définit la pauvreté énergétique comme « ... *un manque d'accès aux services énergétiques modernes. Ces services sont l'accès des ménages à l'électricité et à des installations de cuisson propres (par exemple, des combustibles et des poêles qui ne causent pas de pollution de l'air dans les maisons)* ». Elle estime qu'en 2009, 1,3 milliard de personnes, soit 20 % de la population mondiale, n'avaient toujours aucun accès à l'électricité, et que presque 2,6 milliards de personnes dépendaient de la biomasse traditionnelle (essentiellement le bois mort ou vert et les bouses) pour la cuisson de leur nourriture. Ces données se sont malheureusement confirmées en 2012 et 2013. Réfléchissez un peu: 40 % de la population mondiale cuisine comme on ne le fait plus depuis de nombreuses générations en Europe. Plus de 95 % de ces personnes cuisinant aux énergies renouvelables vivent en Afrique subsaharienne ou dans les pays d'Asie encore en développement. Une autre manière de voir ces données est de considérer que 84 % des personnes sans accès aux services énergétiques vivent dans des zones rurales.

L'Agence Internationale de l'Energie constate qu'en Afrique la dépendance du bois et du charbon de bois[a] reste très forte même lorsque les revenus augmentent. Elle estime qu'en 2040 il y aura encore 650 millions de personnes qui cuisineront encore avec de la biomasse de manière inefficace et dangereuse pour la santé.

[a] Le charbon de bois est produit en éliminant les matières volatiles du bois. Pour ce faire on fait un monticule de bois fraichement coupé, on le recouvre de terre de manière à ce qu'il n'y ait pas de contact entre le bois et l'air ambiant. On met ensuite le feu au bois de sorte que celui-ci chauffe mais ne se consume pas puisqu'il n'est pas en contact avec l'air. Ainsi, les matières volatiles qu'il contient sont évacuées avec les fumées et il ne reste que le solide contenant très peu de matières volatiles. Il s'agit en fait d'une forme de distillation du bois. C'est exactement le même procédé que pour la fabrication du coke à partir du charbon.

Figure 4-2 Cuisson au feu de bois au Congo (RDC) (crédit photo : Orlando Furfari, 2016)

Figure 4-3 Demande d'énergie primaire en Afrique subsaharienne (données de l'AIE 2014[45])

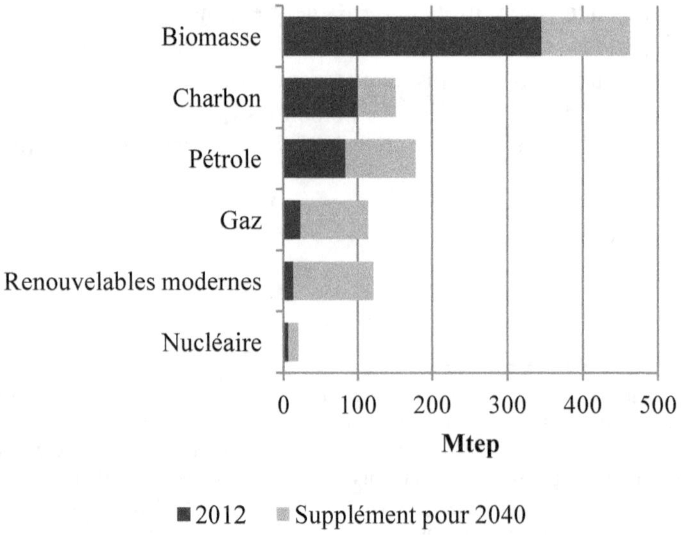

4.2. L'énergie permet la résilience

La tragique catastrophe humanitaire causée par le super-typhon Haiyan qui a frappé les Philippines en novembre 2013, semant la mort et la désolation sur son passage a jeté une lumière crue sur l'état économique et social des Philippines et en fait sur celui des autres pays du Sud-est asiatique. Certains ont cru devoir profiter de cette hécatombe pour mettre de nouveau en avant la sempiternelle cause du changement climatique d'origine humaine et donc culpabiliser ceux qui, dans les pays riches, utilisent des énergies fossiles. C'est d'autant plus surprenant que, quelques semaines plus tôt, même le cinquième rapport du GIEC affirmait que « *les données actuelles n'indiquent aucune tendance observée significative de la fréquence globale des cyclones tropicaux au cours du siècle dernier... Aucune tendance robuste en nombre annuel de tempêtes tropicales, ouragans et grands ouragans n'a été identifiée au cours des 100 dernières années dans le bassin de l'Atlantique Nord... En résumé, la confiance dans des changements à grande échelle dans l'intensité des cyclones extratropicaux extrêmes depuis 1900 est faible* »[46].

Une grande partie de la destruction initiale qui a fait un si grand nombre de victimes (6 202 morts, 28 626 blessés et 1 785 disparus) a été causée par des vents soufflant à 235 km/h – et parfois à des vitesses allant jusqu'à 275 km/h. Or, un autre super-cyclone nommé Yasi, a frappé le Queensland, en Australie, en février 2011. Ce cyclone avec un diamètre de 100 km a occasionné des vents jusqu'à 285 km/h. Pourtant, pas une seule personne n'est morte des conséquences directes de ce cyclone destructeur. Pourquoi cette différence ? Parce que l'Australie est un pays moderne qui consomme beaucoup d'énergie. D'ailleurs à La Réunion, là aussi les cyclones y sont réguliers mais on n'y déplore pas de victimes ; mais on est en France ![a]

Table 4-1 Accès aux services énergétiques modernes dans les pays de l'ASEAN en 2011
(Source : Agence Internationale de l'Energie[47])

Pays	Population sans accès à l'électricité		Population dépendant de la biomasse traditionnelle pour la cuisson	
	Million	%	Million	%
Brunei	0	8	0	0
Cambodge	9	66	13	88
Indonésie	66	27	103	42
Laos	1	22	4	65
Malaisie	0	1	1	3
Myanmar	25	51	44	92
Philippines	2528	30	47	50
Singapore	280	0	0	0
Thaïlande	01	1	18	26
Vietnam	13	4	49	56
Total ASEAN	**134**	**22**	**279**	**47**

La Table 4-1 montre qu'aux Philippines, 30 % de la population n'a pas accès à l'électricité et 50 % cuisine avec de la biomasse traditionnelle. Il est évident que dans une telle situation de pauvreté énergétique, la population n'a pas les moyens de se protéger. Les amas de tôles ondulées que l'on a vus partout à l'occasion de cette catastrophe démontrent que le problème n'est pas le changement climatique mais la pauvreté. S'ils n'étaient pas dans un état misérable, ils vivraient dans des maisons construites en dur. Mais pour construire en dur il faut

[a] Au contraire, il y eut moins de blessés que d'habitude, car lorsqu'on annonce l'arrivée d'un cyclone les gens savent qu'ils doivent rester chez eux et il y a donc moins d'accident de roulage ces jours-là.

fabriquer des briques et des parpaings ce qui nécessite de l'énergie. Vous pouvez tourner le problème sous tous les angles, pour sortir de la misère il faut de l'énergie. Un typhon semblable dans des pays riches –c'est-à-dire des pays qui consomment beaucoup d'énergie – aurait occasionné infiniment moins de dégâts.

Bien avant cette hécatombe, les Philippines avaient décidé de plus dépendre moins des énergies renouvelables, de sorte que leur part dans le pays qui était encore de 40 % en 2011 devrait chuter à 29 % en 2035 selon les prévisions de l'Agence Internationale de l'Energie. Ils désirent réduire fortement l'utilisation de la biomasse traditionnelle en raison de la hausse du niveau de vie et l'urbanisation.

L'absence d'accès à l'énergie moderne dans tous les lieux conduit à des tragédies humaines comme cela a été déjà dit. Mais cela présente également de graves conséquences économiques. On estime que les pays d'Afrique auraient un taux de croissance annuel du PIB plus élevé de deux à trois pour cent si seulement ils avaient un accès universel à l'énergie moderne. Les usines pourraient rester ouvertes plus tard, les enfants pouvaient étudier après la tombée du jour, les transports seraient améliorés. Les femmes, dont beaucoup passent 16 à 18 heures par jour à travailler à des tâches ménagères qui comprennent la collecte de biomasse traditionnelle, pourraient s'occuper à des tâches plus utiles tant pour elles que pour la société et générer ainsi des revenus pour leurs familles.

Heureusement, ces dernières années, on a assisté à une amélioration de la situation en matière de pauvreté énergétique grâce à une prise de conscience collective. Des ONG, des gouvernements nationaux et étrangers, la Commission européenne ont réalisé que l'accès à l'énergie est fondamental pour soulager la souffrance matérielle de l'humanité. L'aide pour ce secteur spécifique a déjà commencé à arriver. Il semble bien qu'elle continuera, mais elle devrait en fait être renforcée car cette tendance, pourtant positive, ne peut satisfaire ceux qui ont le souci des plus démunis du monde.

L'Agence Internationale de l'Energie estime que malgré une aide financière de près de 18 milliards par an jusqu'en 2030, il y aura encore et toujours à ce moment-là un milliard de personnes sans électricité, dont plus de 60 % de ceux-ci vivront en Afrique subsaharienne. Pire ! Malgré ces progrès, en 2030, il devrait y avoir encore 2,6 milliards de personnes – autant qu'aujourd'hui – ne disposant pas d'une installation de cuisson propre et dépendant ainsi encore des énergies renouvelables traditionnelles pour cuisiner.

Figure 4-4 Evolution de la consommation d'énergie par habitant en fonction du revenu par habitant[30]

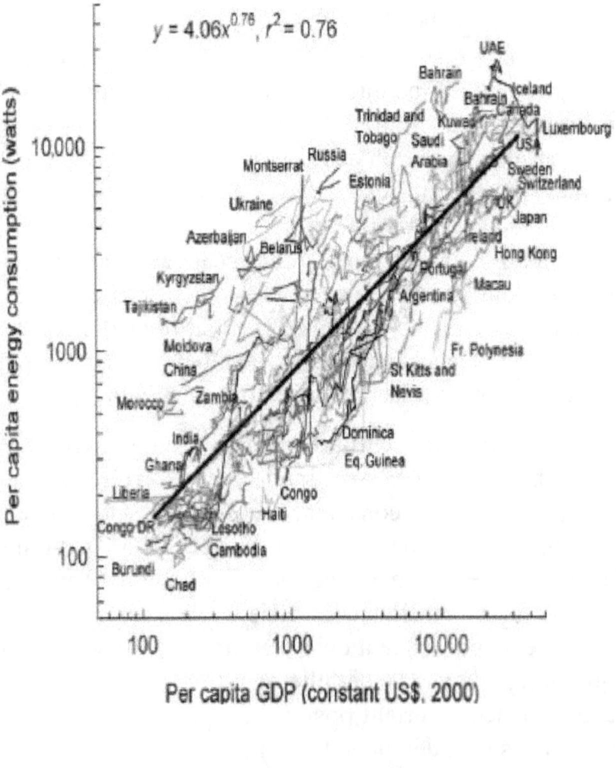

Les faits l'attestent sans équivoque et quiconque de bonne volonté ne peut que l'admettre : plus les personnes sont riches et plus elles vont consommer d'énergie. A contrario, plus elles sont pauvres et moins elles consomment d'énergie. Il existe donc une relation entre le PIB par habitant et la consommation d'énergie par habitant. Une étude réalisée par une équipe de biologistes américains[48] a montré (Figure 4-4) que l'énergie consommée (E) par habitant (H) – y compris celle nécessaire à l'alimentation – varie avec le PIB par habitant selon l'équation exponentielle

$$E/H = 4{,}13.(PIB/H)^{0{,}76}$$

En termes techniques, la pente sous-linéaire de 0,76 indique que le taux de consommation d'énergie par habitant associé à une plus grande activité économique augmente moins rapidement que le PIB lui-même. Ceci signifie que les pays avec de plus grandes économies profitent des économies d'échelle et des nouvelles technologies pour utiliser l'énergie plus efficacement. Il s'agit là de ce qu'on pourrait appeler « l'injustice énergétique » : les habitants des pays pauvres ont plus de mal à se procurer de l'énergie que ceux des pays riches et ils l'utilisent moins effectivement.

On ne sort pas de la dure réalité : résister aux phénomènes naturels requiert de sortir de la pauvreté et pour sortir de la pauvreté il faut plus de revenus ce qui n'est possible qu'en consommant plus d'énergie.

La Table 4-2 mentionne sommairement les impacts positifs qui découlent de l'accès à l'énergie moderne dans les pays pauvres. Dans les chapitres suivants, certains de ces points seront abordés avec plus de détail.

Table 4-2 Certains avantages offerts par l'accès à l'énergie

Économic

- éradication de la pauvreté
- diversification dles activités économiques
- développement des PME et des activités commerciales
- développement des régions rurales

Accès à l'eau propre

- pompes électriques
- gain de temps
- purification de l'eau
- traitement des eaux usées

Santé

- réduction de la pollution de l'air
  - réduction des particules fines et des polluants atmosphériques
  - éviter les maladies respiratoires
- progrès de l'assainissement
- développement des dispensaires et hôpitaux
- conservation des aliments
  - moins de maladies

Éducation

- plus de temps disponible pour étudier
- possibilité d'étudier la nuit
- accès à Internet

Ethique

- réduction du temps consacré à la collecte du bois par les femmes et les enfants
- protection des femmes lors du ramasser du bois et de fumier
- protection des enfants contre une forme d'esclavage

Environnement

- moins de pression environementale grâce à la substitution de la biomasse
  - limitation de la déforestation

efficacité énergétique

- limitation de l'utilisation rustique de la combustion traditionnelle inefficiente

5.

L'ÉNERGIE DE CUISSON

« *Celui qui possède le feu a survécu, contrairement à celui qui n'a que du pain* » (proverbe calabrais).

Très souvent lorsque l'on parle d'énergie, on confond ce vocable avec « électricité ». Il est vrai que la fée électricité nous a tous enchantés ; l'Homme contemporain ne peut en effet plus vivre sa vie moderne sans consommer de l'électricité. Du matin au soir et du soir au matin, il en utilise et de plus en plus. Il faut avoir vécu un black-out d'électricité pour se rendre compte combien nous sommes devenus dépendants de cette forme d'énergie finale[a]. Pourtant, ce n'est pas la forme d'énergie la plus indispensable pour notre survie. La preuve en est que pendant des millénaires l'homme a vécu sans électricité mais pas sans énergie. La forme de l'énergie finale[a] la plus indispensable pour l'humanité est la chaleur. On peut vivre sans

---

[a] On distingue l'énergie finale qui est celle sous forme électrique, de carburants ou pour produire de la chaleur tandis que l'énergie primaire est celle du charbon, du pétrole, du gaz, de l'uranium et des énergies renouvelables.

Internet – même si ce n'est pas commode – mais on ne peut pas vivre sans la chaleur, que ce soit pour se chauffer dans les zones froides ou pour cuire notre nourriture. Un vieux proverbe calabrais, que ma mère me citait lorsque j'étais enfant, sans imaginer qu'un jour cela allait être utile à ma vie professionnelle, dit que « *celui qui possède le feu a survécu, contrairement à celui qui n'a que du pain* ». Une fois mangé, il n'y a plus de pain ; le feu, lui, qui est transmissible, apporte l'indispensable chaleur nécessaire à la survie. Dans la politique énergétique également, tant les Etats, les institutions que les ONG ont eu tendance à se préoccuper essentiellement d'électricité – en oubliant que la chaleur est la base du besoin en énergie; elle représente d'ailleurs la moitié de la totalité de l'énergie finale utilisée dans l'UE (voir dernier chapitre). Pendant des millénaires, l'Homme n'a utilisé l'énergie que sous cette forme – sauf pour le transport ou le labour, usages pour lesquels il utilisait l'énergie de l'animal.

5.1.Avec trois pierres

Dans le domaine qui nous occupe, la question de la chaleur, surtout pour préparer les aliments, est particulièrement pertinente. Les pays où la pauvreté énergétique est endémique sont heureusement situés dans des zones où il n'est pas souvent nécessaire de se chauffer. Sauf exception, ce serait même plutôt l'inverse. Hélas, il se passera énormément de temps avant que l'air conditionné ne soit une réalité généralisée dans ces pays. Nous verrons *infra* qu'il y a malheureusement de la pauvreté énergétique également dans les pays plus froids, même si l'ampleur n'y est pas de même niveau.

Au début des années 80, un de mes voisins est allé en Turquie, dans le village de son beau-fils, et quel ne fut pas son étonnement – et le mien en l'entendant – de voir que l'énergie nécessaire à la cuisson était fournie par des excréments d'animaux séchés. C'était la première fois que j'en entendais parler. Et aujourd'hui, trente ans plus tard, la cuisson avec de la bouse est devenue un des sujets professionnels que je dois traiter. En 2012, mon neveu Orlando Furfari s'est rendu en Turquie pour escalader le mont Ararat et a logé chez des habitants qui utilisaient encore cette biomasse naturelle (Figure 5-1).

Figure 5-1 Excréments d'animaux séchés pour le chauffage à Doğubeyazıt dans le Kurdistan turc (crédit photo : Orlando Furfari, 2013)

Nous avons sans doute grandi à une époque où existait chez nous les cuisinières à gaz ou tout au moins « le bon vieux poêle à charbon » que les plus jeunes n'ont pas connu, habitués qu'ils sont aux plaques de cuisson électriques. Mais beaucoup de gens dans le monde utilisent des feux rustiques qui brûlent de la biomasse grappillée localement (bois, résidus de récolte et déjections animales), qui provoquent presque toujours des effets nocifs sur la santé humaine et sur l'environnement. Le mode de cuisson le plus courant est celui des trois pierres, une forme millénaire de cuire qui se perpétue dans trop de pays de par le monde. Trois grosses pierres servent de support au récipient de cuisson et de confinement au feu d'énergies renouvelables.

2,6 milliards de personnes dans les pays en développement n'ont pas d'autre choix que d'utiliser de la biomasse pour cuire leur nourriture, pour se laver ou laver le linge.

Figure 5-2 Cuisson traditionnelle avec trois pierres en RDC (crédit photo : Orlando Furfari, 2016)

5.2.Effets nocifs de la cuisson traditionnelle

Malheureusement, ce mode de cuisson avec de l'énergie renouvelable traditionnelle, pourtant « naturelle », provoque des dégâts à la santé humaine et à l'environnement. Nous qui possédons le confort, nous voudrions utiliser plus d'énergies naturellement disponibles, tandis que dans les pays en développement, c'est un fléau à cause de la pollution de l'air qu'elles occasionnent.

On a tellement vanté les mérites des énergies renouvelables que l'on pense d'office que tout ce qui provient de la nature est bon. C'est hélas loin d'être le cas. Lorsque l'on brûle de manière rustique de la biomasse, il en résulte une combustion incomplète. Si elle était complète, elle ne produirait que du CO_2 et de la vapeur d'eau qui comme on le sait depuis l'enfance sont tous les deux des gaz incolores, inodores et invisibles. Puisque lorsque l'on fait un feu on voit de la fumée, c'est qu'il y a autre chose qui se forme et cela précisément parce que la combustion est incomplète. La fumée noire ou bleue (visible sur la Figure 5-5) provoque le larmoiement et l'odeur âcre qui prend à la gorge et contient une vaste gamme de substances toxiques en concentrations variables, dont des dioxines qui représentent une menace sérieuse pour la santé humaine.

Figure 5-3 Cuisson traditionnelle avec trois pierres en Ouganda (crédit photo : Orlando Furfari, 2012)

Figure 5-4 Les conséquences de l'utilisation de l'énergie rustique

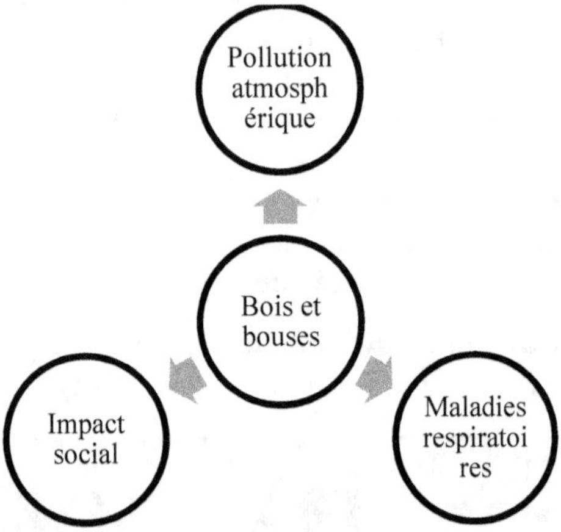

Au Danemark, on s'est aperçu que la moitié des dioxines émises dans le pays provenaient de la combustion du bois dans des poêles à usage domestique. La région de Lombardie interdit depuis 2006 la combustion de bois en hiver, car cela occasionne trop de pollution atmosphérique ; même les fours à pizza fonctionnant au feu de bois ne peuvent plus être utilisés ! Non, brûler du bois, aussi naturel que cela puisse paraître, n'est pas bon pour la santé. C'est d'ailleurs la raison pour laquelle des règlements communaux interdisent aux particuliers de faire des feux pour brûler des branchages et autres déchets de jardin appelés pompeusement « biomasse ».

Nous faisons – à juste titre – tant de cas des particules fines – appelées PM10 – qui sortent des pots d'échappement de nos voitures diesels, pourtant ce sont les mêmes produits nocifs qui sont émis par la cuisson de la biomasse sur trois pierres. Chez nous, ces PM10 noircissent les façades des maisons de nos villes, chez les pauvres ce sont les murs intérieurs de leurs maisons qui sont noircis.

Figure 5-5 Four à bois en Tanzanie
(crédit photo : Orlando Furfari, 2015)

J'ai personnellement connu cela lorsque je visitais une sœur de mon père dans leur village dans les montagnes de Calabre. Dans un coin de la maison, il n'y avait déjà plus les trois pierres mais un support métallique pour poser la casserole ou la marmite, tandis qu'une ouverture dans le plafond faisait office de cheminée par où pouvait sortir une partie de la fumée; l'autre partie remplissant la pièce qui servait de cuisine et de séjour. Tout était noir et une odeur âcre empestait la pièce. Si cela n'existe heureusement plus en Calabre, c'est encore malheureusement le cas encore trop souvent ailleurs dans le monde. La photo suivante (Figure 5-6) a été prise en Ouganda en 2011 par mon neveu lors d'un voyage humanitaire et illustre la triste réalité de l'utilisation exclusive de l'énergie renouvelable pour la cuisson.

Figure 5-6 Cuisson traditionnelle à l'intérieur en Ouganda (crédit photo : Orlando Furfari, 2012)

Pensez-vous que Muzee[a], la personne sur cette photo, soit préoccupé par la montée du niveau de la mer en 2100 ? Il n'aspire qu'à une chose : vivre dans le monde « pollué » dans lequel vous et moi avons le privilège de vivre. Tant qu'il ne savait pas qu'ailleurs on vivait dans des conditions différentes, il ne nous enviait probablement pas ; mais à présent, avec Internet, l'information doit bien lui arriver d'une façon ou d'une autre et il sait qu'ailleurs d'autres vivent mieux que lui, même si les pisse-vinaigres qualifient ce mieux de « pollué ». Muzee et tous les autres qui souffrent comme lui de la pauvreté énergétique vont exiger de leurs dirigeants que la « pollution occidentale » soit aussi leur lot quotidien.

Parfois c'est pire, parce que les pauvres en énergie brûlent également et dans les mêmes conditions des matières plastiques (bouteilles, pneus, vieux ustensiles, emballages, préservatifs, etc.). Bien évidemment, ces combustibles libèrent plus d'énergie que le bois puisque la matière de base des plastiques provient

---

[a] Ce prénom provient de Mzee qui signifie «vieux sage ».

du pétrole brut ou du gaz naturel. Ils brûlent donc en quelque sorte des hydrocarbures, mais dans des conditions rustiques qui produisent par conséquent énormément de produits toxiques.

Les pauvres en énergie ne se préoccupent pas des dioxines produites par la combustion d'un fragment de bois. Ils font feu de tout bois, si vous me permettez l'expression ! Qu'il soit coupé dans un arbre vert ou trouvé dans une décharge, qu'il soit naturel ou peint ! Qu'importe, la peinture brûle aussi mais ils ne savent pas qu'elle contient des produits chlorés qui émettent lors de la combustion des substances très nocives pour l'environnement et donc pour leur santé.

En Europe, il y a une réglementation sévère et contraignante pour incinérer les déchets, mais là, il n'y a rien de tout cela. Les directives européennes ne prévoient même pas la nécessité de mesurer la concentration de dioxines dans les cheminées des incinérateurs des déchets ménagers. En effet, ces mêmes directives prévoient des conditions de conception et de fonctionnement de ces incinérateurs tellement strictes pour que la combustion des déchets urbains ne pollue pas et ne produise notamment aucune dioxine, que de telles mesures dans les cheminées ne sont pas nécessaires. C'est le monde à l'envers n'est-ce pas ? Chez nous, certains critiquent l'incinération des déchets alors que cela se fait de manière très propre et sans effet sur la santé, et ces mêmes personnes souvent défendent le « retour à la nature » qui cause pourtant le décès par pollution atmosphérique de tant de pauvres qui n'ont que la biomasse et du plastique pour cuisiner.

Dans l'Union européenne, l'incinération des déchets est non seulement autorisée mais même encouragée car cette technique permet de valoriser une source d'énergie et souvent même de devenir une source d'énergie renouvelable. Il s'agit donc d'un début d'économie circulaire. On estime qu'en moyenne la moitié de ce que l'on jette à la poubelle est constitué de matières végétales et est donc de l'énergie renouvelable en puissance.

Cependant, dans les pays pauvres, l'élimination des déchets est une source préoccupante de pollution non seulement de l'air mais également de l'eau puisque les eaux de surfaces qui traversent les dépotoirs se chargent de matières nocives qui finissent par entrer dans la chaine alimentaire.

Figure 5-7 Dépotoir urbain en Tanzanie
(crédit photo : Orlando Furfari, 2015)

Souvent les immondices sont jetées tout simplement dans un trou creusé à même le sol. Lorsque ce trou est rempli, on y met le feu. Vous pouvez imaginer l'odeur âcre qui s'y dégage avec la fumée, signe évident de productions de polluants, dont les fameuses dioxines. Cette combustion qui se fait uniquement avec l'air à la surface est totalement incomplète et comme les produits chimiques qui composent certains des déchets se dégradent très mal, ils forment des substances volatiles cancérigènes et sont la cause de maladies respiratoires aussi nombreuses qu'inadmissibles. Une fois le feu éteint, on continue à jeter d'autres immondices au-dessus et ainsi de suite jusqu'à ce que le trou soit complètement rempli de cendres. S'il reste de la chaleur, la combustion peut reprendre plus lentement et encore plus incomplètement, produisant ainsi encore plus de pollution qu'avec un feu vif.

Si l'on veut promouvoir les énergies renouvelables dans les pays en développement, il y aurait lieu de mettre fin à cette tradition polluante et de penser à incinérer des déchets dans des incinérateurs plus petits et modulaires ou à les transformer en gaz par la méthanisation.

Figure 5-8 Incinérateur artisanal de déchets en Ouganda (crédit photo : Orlando Furfari, 2012)

Selon l'Organisation mondiale de la Santé (OMS)[49], le nombre annuel de décès causés par la respiration de la fumée de ces combustibles « naturels » est d'au moins 1,4 million, probablement plus proche de deux millions, c'est-à-dire plus que le paludisme, la tuberculose et le VIH. Selon une estimation de l'OMS, l'exposition à la pollution de l'air intérieur provoque des infections respiratoires aiguës qui causent environ 19 % de tous les décès des enfants avant l'âge de cinq ans dans les pays en développement[50]. Puisque généralement les hommes sortent pour aller travailler, les femmes et les enfants qui eux restent à l'intérieur des chaumières sont les premières victimes de la biomasse brûlée de manière traditionnelle. On estime que si l'on brûle des déchets dans des foyers, la qualité de l'air interne peut être dix fois pire que celle de l'air extérieur, et cela même dans les villes les plus polluées dans des pays pauvres. L'exposition aux fumées produites à l'intérieur des foyers qui cuisinent de « façon traditionnelle » est responsable de près de trois pour cent des maladies et ce chiffre passe à quatre pour cent dans les pays en développement. Cette pollution de l'air ambiant à l'intérieur des habitations augmente le risque de maladies pulmonaires obstructives chroniques et des infections respiratoires aiguës chez l'enfant[51]. On a observé de manière claire qu'elle est la cause la plus importante de décès chez les enfants de moins de cinq ans et du faible poids à la naissance dans les pays en développement. Il existe aussi des preuves que cela augmente la mortalité périnatale, la tuberculose pulmonaire, le cancer du nasopharynx et du larynx et la cataracte.

Au Bangladesh, environ 90 % des ménages dépendent de la biomasse pour la cuisson de leur nourriture. Selon une étude[52] réalisée dans 42 villages des régions rurales du pays, les femmes ne perçoivent pas la pollution de l'air ambiant intérieur comme un danger sérieux pour la santé. C'est normal puisqu'elles ont toujours connu cela. Une écrasante majorité préfère continuer à utiliser une technologie traditionnelle de cuisson et n'est donc pas disposée à dépenser de l'argent pour une cuisinière moderne. En conséquence, dans les régions rurales du Bangladesh, 98 % de la population continue à cuire avec de la biomasse, avec des méthodes traditionnelles et « naturelles », malgré des années d'efforts pour promouvoir les technologies non traditionnelles. C’est même inquiétant puisque 92 % des ménages ruraux du Bangladesh interrogés dans cette étude n'avaient jamais vu une cuisinière non traditionnelle. Au total, l'Organisation mondiale de la Santé estime que l'exposition à la fumée de combustion de la biomasse traditionnelle contribue à près de 50 000 morts au Bangladesh chaque année. En ligne avec l'objectif fixé par l'alliance CCS (Clean Cookstroves) que nous verrons par la suite, le Bangladesh, qui a prévu d'atteindre 20 % des ménages en 2020, devra diffuser 5,4 millions d'appareils de cuisson modernes. Faut-il se contenter de 20 % ? Si le gouvernement permettait l'émergence d'un environnement socio-économique propice, on pourrait même envisager que 100 % des ménages du Bangladesh puissent enfin cuire sans pollution. Ne serait-ce pas un bel objectif à atteindre en 2021 lors du cinquantième anniversaire de la proclamation de l'indépendance du pays ?

La situation est semblable au Pakistan où 84 % des ménages dans les zones rurales et 58 % dans les zones urbaines dépendent des combustibles traditionnels. On estime que la pollution de l'air ambiant à l'intérieur des maisons occasionne 28 000 décès par an et 40 millions de cas de maladies respiratoires aiguës. Ce qui impute au pays un fardeau estimé à 1 % du PIB, l'équivalent de la croissance actuelle de nombreux Etats membres de l'UE...

On peut donc affirmer que la pollution de l'air intérieur est une menace majeure pour la santé publique. Mais cette constatation n'est pas suffisante. En effet, même si les problèmes liés à la pauvreté énergétique sont mieux appréhendés que par le passé, beaucoup reste à faire pour mieux comprendre ses impacts et en particulier ses effets sur la santé. La plupart des études indiquent systématiquement que la pollution de l'air intérieur est en effet un facteur de risque pour la santé et notamment pour les infections respiratoires aiguës. Mais ces études sont généralement de petite taille et n'utilisent que des indicateurs indirects de la pollution (type de biomasse ou de poêle…). La recherche dans ce domaine devrait donc être renforcée, et ce d'autant plus que l'utilisation d'indicateurs non corroborés par des mesures peut augmenter le risque de mauvaise classification à l'exposition et peut discriminer les autres facteurs liés à la pauvreté. Il faut également être conscient des limitations culturelles que cela peut entraîner auprès des collectivités locales, ce qui implique des enquêtes socio-culturelles.

N'oublions pas que, même en Europe, chaque année des personnes meurent encore à cause des émanations de monoxyde de carbone (CO) qui sont occasionnées par des poêles ou des chaudières mal réglées. Si cela arrive dans des pays où la technologie est implantée depuis des décennies, on peut imaginer les conséquences qui pourraient résulter d'un manque d'attention sur ce point dans les régions en voie de développement. Il faudra donc trouver des solutions qui ne produisent pas ce gaz mortel.

Au-delà de l'impact sanitaire, la cuisson traditionnelle induit d'importantes conséquences sur l'environnement. Du point de vue énergétique, elle est avant tout inefficace avec un rendement de seulement cinq à 15 % (les lecteurs qui ont remplacé le feu ouvert dans leur séjour par un insert comprendront aisément...). Pour nous qui payons cher notre bois de chauffage, ce mauvais rendement est un élément dissuasif. Mais puisque dans les pays pauvres cette énergie est considérée comme « gratuite », étant donné qu'elle est grappillée, on n'y prête pas attention.

De plus, cette forte dépendance à la biomasse est responsable de la réduction du couvert forestier et de la productivité agricole. En particulier, l'utilisation du charbon de bois comme principale source d'énergie figure parmi les causes majeures de la déforestation de l'Afrique. Alors que la déforestation mondiale ralentit, la croissance démographique combinée à une urbanisation accélérée pèse grandement sur la déforestation en Afrique. Selon l'Organisation des Nations Unies pour l'alimentation et l'agriculture[53], les plus grosses pertes de forêts sont enregistrées en Afrique. Entre 2010 et 2015, elle a perdu ainsi 2,8 millions d'hectares de forêts. En 2014, le taux de déforestation du Burundi atteignait neuf pour cent, l'un des plus élevés de la planète. Alors qu'en 1990, la superficie du pays couverte par la forêt représentait 11 % de la superficie totale du pays, elle est passée à sept pour cent en 2010, et a encore baissé à 5,5 % en 2015. Il est estimé qu'à la vitesse actuelle de déforestation, la superficie des forêts burundaises sera nulle d'ici vingt-quatre ans[54]. Toujours au Burundi, en 2011, l'offre en bois était estimée entre 1,3 million et 2,9 millions de tonnes/an et la demande entre 3,3 millions et 4,5 millions de tonnes/an[55]. Pour sa part, la RDC a perdu environ 100 000 km² de forêts en 25 ans. Seul le Rwanda a réussi à renverser la tendance grâce à une politique de reforestation efficace qui a permis d'augmenter la superficie forestière de six pour cent en 25 ans. Certes, la déforestation n'est pas uniquement due à la production de charbon de bois, puisque le défrichement est nécessaire à la création de nouvelles terres agricoles, comme nous l'avons fait nous-mêmes en Europe entre le premier et second millénaire de notre ère.

Par ailleurs, profitant des conflits dans la région des Grands Lacs, des groupes armés saccagent le parc du Grand Virunga. Dans le but de financer leurs actions militaires, ils exploitent illégalement le bois pour produire du charbon de bois, qui est la principale source d'énergie des populations locales. Ce trafic illégal figure parmi les activités les plus lucratives pour les différents groupes armés. Rien que pour la ville de Goma, le trafic illégal rapporte environ 30 millions de dollars par an[56]. Ce trafic s'étend dans toute la province du Kivu, au Rwanda, en Ouganda et au Burundi.

La Figure 5-9 montre que la déforestation est bel et bien en cours dans l'Afrique de l'Est. Au rythme actuel elle aura disparu dans 24 ans au Burundi, dans 29 ans en Ouganda et dans 77 ans en Tanzanie. Dans les autres pays ayant des étendues forestières plus grandes il n'y a pas de risques de disparition de la forêt.

Figure 5-9 Déforestation dans les pays de la Communauté de l'Afrique de l'Est et en RDC (Source des données[54])

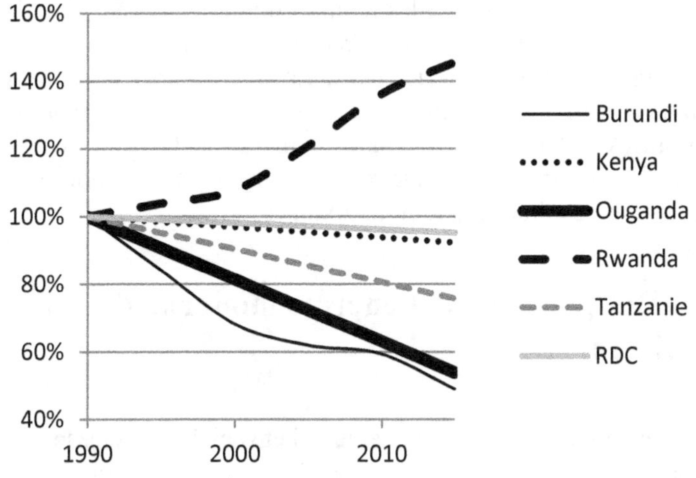

En 2010, lors du terrible tremblement de terre de Port-au-Prince, grâce à des vues aériennes, les observateurs ont été frappés de la différence qui existe entre le paysage d'Haïti et celui de Saint-Domingue, deux pays qui sont situés sur la même île. D'un côté, on observe la déforestation à cause d'une misère totale qui a conduit la population à couper du bois pour cuisiner, et de l'autre on constate un pays vert où, grâce à la fourniture d'énergie, la population vit nettement mieux que celle d'Haïti tout en préservant les arbres. Le même phénomène s'est reproduit en octobre 2016 avec la tempête « Matthew » car comme en 2010, les voisins dominicains apportent leur soutien humanitaire à Haïti[57].Préserver la nature, c'est aussi éviter la déforestation pour cuisiner.

Par ailleurs, l'utilisation du bois-énergie dans les pays pauvres a un impact social négatif puisque les femmes et les enfants doivent transporter de grandes quantités de biomasse qui peuvent être glanées localement, comme des feuilles sèches, des branchages, des déchets de cultures, le foin et les déjections animales ramassés dans les campagnes et les bois environnants. Ces femmes et ces enfants qui passent le plus clair de leur temps à la collecte de la biomasse de chauffage ne peuvent pas étudier, se former voire même créer de la valeur ajoutée en participant à l'activité économique artisanale du lieu. C'est même dangereux puisque les femmes qui doivent s'éloigner des villages pour cette récolte se retrouvent isolées et sont plus facilement victimes de violences. En outre, après avoir passé autant de temps à ramasser ces « matières naturelles », les femmes qui supportent la majeure partie de la responsabilité pour la cuisson, passent quatre à cinq heures chaque jour dans la cuisine, respirant ces fumées toxiques.

5.3.Des pistes pour l'énergie moderne de cuisson

Devant ce drame environnemental et social de la cuisson à la biomasse, les autorités nationales commencent à formuler des politiques. On peut souhaiter et espérer qu'un effort intégré, avec la participation de toutes les parties prenantes, conduise au renversement de la situation. Comme souvent, il faut éduquer et expliquer. Même si cela peut sembler évident pour nous, faire comprendre que la fumée est nocive, alors que toutes les générations précédentes ne s'en sont pas inquiétées, est une gageure. C'est pourquoi des campagnes nationales de sensibilisation du public sont indispensables pour expliquer le lien qui existe entre la pollution de l'air intérieur et la mauvaise santé.

Une fois que la connaissance sera acquise, il faudra apporter des solutions de remplacement par une approche adéquate. En raison de conditions socio-économiques actuelles dans ces pays en développement, l'adoption de plaques de cuisson me semble être le choix le plus approprié. D'ailleurs, beaucoup d'organisations caritatives se sont préoccupées d'offrir des cuisinières modernes ; cela est même devenu assez populaire dans le monde.

Si l'on vise l'amélioration de la santé et la protection de l'environnement, il va falloir faire en sorte que les cuisinières non traditionnelles présentent suffisamment d'avantages pour inverser cette tendance, notamment en jouant sur la réduction des coûts d'achat et d'utilisation. Or, les cuisinières traditionnelles, lorsque ce ne sont pas les classiques trois pierres, sont généralement construites localement avec des matériaux disponibles sur place et donc forcément bon marché par rapport à toute autre solution.

Une mention spéciale doit être faite pour l'initiative Clean Cookstoves [58] . Cette Alliance mondiale pour les foyers améliorés (Global Alliance for Clean Cookstoves) est un partenariat public-privé qui vise à sauver des vies, à améliorer les moyens de subsistance, à rendre autonomes des femmes et des enfants en créant un marché mondial pour des solutions propres et efficaces de cuisson domestique. Lancée en septembre 2010 par Hillary Clinton alors qu'elle était la Secrétaire d'Etat des U.S.A., cette alliance hébergée par la Fondation des Nations Unies a pour but d'arriver d'ici 2020 à faire adopter par cent millions de ménages des modes de cuisson modernes. L'Alliance et ses partenaires s'efforcent d'établir un marché qui surmontera les barrières à ce développement durable. Lancée avec 19 membres, elle est en pleine croissance, car elle regroupe plus de 1 000 partenaires du secteur privé et public, du secteur commercial et non commercial ainsi que du monde académique.

Cet effort mondial s'appuie sur une approche multifacettes et sur la création d'un marché, qui s'attaque aux défis associés aux modes de cuisson traditionnels, en encourageant l'innovation. Sur base des résultats, ce secteur devra catalyser et développer des marchés efficaces de sorte que cette initiative puisse se poursuivre de manière continue sans plus d'aide extérieure.

L'initiative Clean Cookstoves commence par identifier et surmonter les obstacles majeurs que le marché rencontre dans ce secteur afin d'assurer le développement durable. Ensuite, elle informe les ménages, les encourage à adopter les nouvelles cuisinières. Elle sensibilise aussi les décideurs, les donateurs et les acteurs du secteur privé afin qu'ils soutiennent l'action. Même si la technologie des cuisinières n'est pas complexe, l'initiative Clean Cookstoves vise à soutenir l'innovation dans ce domaine, tant dans leur conception et leur performance énergétique que dans la diminution du coût de production de ces appareils de cuisson et par conséquent le prix pour l'utilisateur final. L'Alliance Clean Cookstoves s'emploie également à promouvoir des protocoles d'essai permettant de mesurer les émissions polluantes et l'établissement de normes non polluantes qui soient internationalement reconnues, ce qui permettrait de diffuser dans le monde entier les bons appareils et les bonnes pratiques. L'adoption universelle d'appareils de cuisson et de combustibles non polluants est une tâche énorme dont l'ampleur oblige à trouver des solutions qui se perpétueront dans le long terme.

Cela peut nous sembler banal, mais la chose la plus élémentaire serait de disposer de cheminées dans les maisons ; cela évacuerait déjà énormément de polluants produits par la cuisson traditionnelle. Au lieu de cela, beaucoup de ménages cuisinent encore dans les demeures à l'air libre comme l'illustre la photo précédente. On imagine aisément la nette amélioration que cela aurait sur les voies respiratoires des habitants si une simple cheminée était installée. Ensuite, il faudrait abandonner les combustibles traditionnels car, s'ils coûtent peu ou pas à l'utilisateur, ils sont à la base d'une pollution nocive pour la santé des personnes mais aussi pour l'environnement, soit directement (déforestation), soit indirectement (pollution atmosphérique). Il faudra donc privilégier l'utilisation de combustibles modernes, malheureusement plus coûteux que la biomasse.

Certes, il est possible de continuer à brûler de la biomasse traditionnelle en polluant moins, mais il faut pour cela d'abord traiter cette biomasse (par exemple en faisant des pellets ou des briquettes). Mais dans ce cas, il faut des appareils adaptés. Tout cela est donc forcément coûteux. Les appareils de cuisson modernes ont pour principe de forcer plus d'air dans le foyer (à l'instar du ventilateur que l'on trouve dans les inserts chez nous). C'est un principe connu depuis l'antiquité : le forgeron qui activait son soufflet pour attiser son feu ne faisait rien d'autre que d'envoyer plus d'air et rendre ainsi la combustion efficace et moins polluante. Plus d'air de combustion égale moins de produits nocifs résultant de la combustion incomplète. Le principe des pellets est le même : en diminuant la taille des pièces de biomasse qui entrent dans le foyer, l'air entoure mieux la surface, de sorte que la combustion se fait de manière plus complète et partant moins polluante. Bien entendu, cela augmente aussi l'efficacité de la combustion et permet de consommer entre un tiers et deux tiers en moins de biomasse par rapport au foyer traditionnel à trois pierres.

Mais pour qu'il y ait plus d'air, il faut un ventilateur et donc, sauf à vouloir le produire par le travail manuel ou, pire, par celui des enfants, il faut de l'électricité… dans des endroits où, on l'a vu, il y a un manque patent d'accès à l'électricité. Il faut donc prévoir une source extérieure d'électricité comme une batterie ou un panneau solaire ou, de manière plus complexe encore, un dispositif qui capte la chaleur du poêle et la convertit en électricité. Tout cela présente des complexités technologiques que les personnes impliquées ne peuvent maîtriser et aussi des surcoûts qui s'ajoutent non seulement au coût de l'appareil de cuisson mais aussi à celui de la biomasse traitée. Qui va payer tout cela ? Lorsqu'il s'agit de trouver des parades à l'utilisation des énergies fossiles, certaines ONG se démènent pour concevoir des solutions les plus ingénieuses les unes que les autres…mais à quel prix de revient ?

Par exemple, on a tenté d'innover dans ce type de combustion avec une conception plus moderne de la chambre de combustion, comme par exemple les « appareils de cuisson fusées » qui reposent sur une forte isolation et une chambre de combustion en forme de L, ce qui permet une combustion partielle du gaz et de fumée à l'intérieur du poêle.

Une autre possibilité, souvent présentée sur Internet comme une solution moderne, fait appel à la gazéification de la biomasse traditionnelle. Mais cette méthode est encore bien plus compliquée techniquement et onéreuse. C'est d'ailleurs dans ce domaine que j'ai fait ma thèse de doctorat, même si c'était à partir du charbon et non pas de la biomasse. La gazéification, une technique développée à partir du début du XXème siècle, est une solution complexe, coûteuse et délicate qui a été abandonnée dans les années 50 parce que d'autres solutions bien plus simples ont été trouvées. Elle a été exhumée après les chocs pétroliers des années 70, raison pour laquelle je m'y étais intéressé en tant que chercheur d'abord et ensuite comme gestionnaire de recherche. Mais elle a de nouveau été abandonnée car il y a de nombreuses difficultés techniques et la compétitivité des autres solutions est encore bien meilleure qu'elle ne l'était lorsque la gazéification a été abandonnée une première fois. Il est vrai que l'on a atteint à présent un stade de frénésie dans la politique énergétique. On croit donc possible de réinventer le fil à couper le beurre dans ce domaine. Les soi-disant innovations se sont multipliées grâce à des subventions publiques … mais rien n'y fait car la physique et la chimie ne changent pas. Dans le domaine de l'énergie beaucoup est possible, mais à quel coût ? Si la gazéification du charbon a encore aujourd'hui du mal à s'imposer dans la production d'électricité, cela est encore plus compliqué et dispendieux avec de la biomasse. De plus, je ne vois vraiment pas comment on pourrait la miniaturiser pour en faire des appareils domestiques, qui plus est dans des pays pauvres. Plus vite on abandonnera ces rêves, cette gabegie, moins on gaspillera d'argent si utile pour soulager la pauvreté énergétique. On dirait que certains prennent un malin plaisir à proposer aux pauvres des solutions extravagantes que même nous « les riches » de ce monde ne pouvons même pas nous permettre.

Je ne pense pas comme d'aucuns que certains pays industrialisés ne veulent pas que les pays « émergents » quittent leur état de pauvreté énergétique de peur qu'ils ne deviennent de nouvelles puissances économiques et leur fassent de l'ombre. Cette théorie du grand complot qui voudrait que le ralentissement de leur développement économique et technologique soit orchestré n'est même pas la raison du maintien de ces populations dans leur état actuel de pauvreté énergétique. C'est pire que cela, cette situation est due à l'idéologie de ceux qui leur donnent de mauvais conseils et à la paresse intellectuelle de ceux qui accordent des financements pour ces non-solutions.

Mais que faut-il alors faire pour que l'on offre des solutions simples, propres et abordables ? En fait, il suffit de répéter ce que les Européens ont fait il y a une cinquantaine d'années, et c'est ce que nous allons aborder dans le point suivant.

5.3.1.Le rôle important du GPL

Afin de permettre aux pauvres de cuisiner proprement, la solution la plus simple est celle qui a été largement appliquée partout dans les Etats membres de l'UE et qui l'est encore là où le gaz naturel n'est pas distribué : la combustion à l'aide de gaz propane/butane distribué en bouteilles. Ce mélange de gaz est appelé gaz de pétrole liquéfié (GPL). Il provient de deux sources différentes : pour 2/3 il est extrait en même temps que le pétrole brut et pour 1/3 il est produit dans les raffineries lorsqu'on traite le pétrole brut pour le transformer en essence, diesel et kérosène. C'est donc à la fois un résidu de la production de pétrole brut et de la production des produits pétroliers. Comme on n'est pas près d'en finir avec ces deux productions, on utilisera encore du GPL très longtemps. Il est abondant, disponible partout, facilement transportable et a largement fait ses preuves dans le monde entier.

Le gaz GPL vendu en bouteille est exactement le même produit qui est vendu dans les stations-services pour l'usage des voitures automobiles au GPL. Les bouteilles ont des tailles différentes en fonction de l'usage qu'on en fait, allant de petites bouteilles que l'on tient dans une main pour le camping ou le bricolage pour souder, aux grands réservoirs pour le chauffage domestique.

En France, les bouteilles de gaz GPL ont fait leur apparition en 1938. Mais c'est après la Seconde Guerre mondiale qu'elles se généralisent partout dans l'Union européenne. A l'époque, ce fut une grande révolution car ces « 13 kg » d'énergie offraient une cuisson aisée, sans fumée et une autonomie d'environ un mois pour une famille de quatre personnes. Alors qu'auparavant, pour cuisiner, on gardait souvent un poêle au charbon ou au bois constamment allumé[a] – même en été –, les Européens ont subitement disposé d'une solution simple, commode et propre. La chaleur pour cuisiner était disponible quand on le voulait au bout d'une allumette.

En France, on cuisine beaucoup à l'électricité grâce à l'abondance et au prix avantageux résultant du vaste parc de centrales électronucléaires. En Norvège, tout se fait à l'électricité, et donc bien entendu la cuisson aussi, du fait de sa richesse en hydroélectricité. Mais généralement, dans l'Union européenne, on cuisine beaucoup avec du gaz, au gaz naturel (méthane) le plus souvent et lorsque celui-ci n'est pas disponible, on utilise du propane/butane en bombonnes. C'est tellement simple que le gaz revient en force dans les cuisines au point que l'offre de cuisinières à gaz (tant pour les tables de cuisson que pour les fours) n'a jamais été aussi importante.

[a] Un poêle au charbon qui consommait peu de charbon et restait ainsi chaud était d'ailleurs appelé « un continu ».

C'est le cas également dans l'hôtellerie, dans le secteur hospitalier, les maisons de retraite, etc.

Pourquoi cet engouement chez nous pour la cuisine au gaz ? Parce que c'est simple et propre. Dans nos demeures, l'endroit le plus propre, le plus hygiénique est notre cuisine. Là, tout est propre, plus encore que dans nos salles de bain. Et pour cause, on y prépare nos repas et bien évidemment tout doit être impeccable du point de vue de l'hygiène. Et pourtant, dans cet antre de propreté, on y brûle de l'énergie fossile (du méthane ou du butane/propane) à l'air libre sans qu'on ait même besoin de cheminée. Pourquoi cela ne nous pose-t-il aucun souci ? Parce que cette combustion ne produit aucun gaz polluant. Il est donc normal que l'on pense à cette solution que nous avons adoptée il y des décennies pour l'appliquer dans les pays qui cuisinent encore à la biomasse traditionnelle.

Le GPL est un carburant propre qui améliorerait grandement la qualité de l'air à la fois intérieur et extérieur en réduisant considérablement les polluants nocifs pour la santé, tels que les SO_2, NOx, les produits toxiques et les particules. Il ne produit pas de fumée noire ou bleue et ne laisse pas de traces sur les casseroles et poêles, ce qui permet un lavage aisé, ce qui n'est pas du tout négligeable lorsqu'il n'y a pas d'eau courante. En outre, le GPL brûle d'une manière efficace, ce qui est énergiquement rentable car presque 100 % de son pouvoir énergétique est converti en chaleur. Par rapport à la cuisson sur un feu ouvert, les résultats des tests en laboratoire montrent que la cuisson au GPL réduit de près de 90 % la demande en combustible pour cuisiner. La cuisinière au GPL peut s'allumer facilement avec une simple allumette ou un piézoélectrique. Toutefois, si son prix est intéressant pour les pays développés où le gaz naturel n'est pas distribué, il risque encore d'être un handicap pour ceux qui pâtissent de pauvreté énergétique.

Le GPL peut ainsi fournir une première alternative moderne à la biomasse classique pour les communautés rurales, même dans les régions les plus reculées du monde. Il ne convient pas de trop penser à l'usage du gaz naturel car c'est « une énergie des pays riches ». En effet, le gaz naturel nécessite un réseau de transport et ensuite de distribution jusqu'à l'utilisateur final dont le coût est prohibitif pour les pays pauvres ou à faible urbanisation. Il a fallu attendre les années 70-80 pour que de tels réseaux prennent l'essor dans les pays de l'Union européenne car ce n'est qu'alors que l'on a pu se permettre d'éventrer rues et accotements pour faire passer les canalisations qui allaient transporter ce combustible qu'on appelle aussi « l'or bleu ». Bien entendu, lorsque cela deviendra possible dans les pays asiatiques ou africains, ce sera assurément une très bonne solution, d'autant plus que le gaz naturel est abondant[59] et encore plus depuis que l'on est parvenu à produire le gaz de roche-mère[57] (erronément appelé « gaz de schiste »). En effet, les réserves mondiales de gaz naturel sont estimées par l'Agence Internationale de l'Energie à 235 ans de la consommation actuelle[60].

Figure 5-10 Cuisine au GPL en Tanzanie
(crédit photo : Orlando Furfari, 2015)

Ce gaz GPL peut présenter également des avantages indirects. L'Indonésie a entrepris un programme de distribution gratuite de petits équipements contenant trois kilos de GPL à plus de 50 millions de ménages et de PME en vue de substituer l'utilisation du kérosène dans la cuisine[61]. Puisque, comme on va le voir, le kérosène comme les autres carburants du secteur du transport sont généralement subventionnés, cela a eu comme conséquence indirecte d'alléger les dépenses de l'état ; en investissant 1,15 milliard de dollars dans la cuisson au GPL, l'Indonésie a économisé 2,94 milliards de dollars de soutien au kérosène.

Pour l'instant les ménages équipés de cuisinières au gaz butane/propane sont concentrés dans les milieux urbains et périurbains. Le Kenya, le Gabon et le Sénégal sont des exemples de réussite des stratégies gouvernementales qui ont pour but de créer un marché de la cuisson au GPL. Pour le déploiement des plaques de cuisson au GPL, les banques multilatérales de développement et les gouvernements nationaux sont la première source de soutien en apportant le capital nécessaire à l'investissement. Cela doit être réalisé en travaillant sur la création d'infrastructures en réseau de distribution des bouteilles de gaz et le développement de normes communes. Il faut pour cela que les gouvernements « amorcent la pompe » en apportant une aide financière à ce projet, y compris à des entrepreneurs souhaitant investir dans la distribution du GPL.

Le rôle de la microfinance pourrait être exploité dans ces filières simples à mettre en œuvre. Une fois ces appareils présents dans les maisons, le secteur privé devrait prendre la relève pour assurer la distribution des bonbonnes. Mais on ne peut pas encore prédire quand cela sera possible. Par exemple, l'expérience du Sénégal a montré qu'au-delà de la fourniture de plaque de cuisson au gaz et la création de réseaux de distribution de bouteilles de gaz, il faut encore que le GPL soit financé pendant un certain temps de manière à ce que le coût que cela représente pour le ménage soit inférieur à ce qu'il dépensait avant pour acheter du combustible traditionnel ou le temps pour s'en procurer.

Les autorités devraient également veiller à ce que l'on puisse construire et entretenir ces plaques de cuisson sur place puisque cela ne fait pas appel à des technologies très compliquées.

Mais alors si cela semble si simple pourquoi cela n'est-il pas généralisé ? Pour des questions d'organisation d'abord, mais ensuite parce qu'on essaie de faire croire « qu'il-ne-faut-pas-suivre-notre-mauvais-exemple » car on tente par tous les moyens de dénigrer les énergies fossiles.

Le potentiel du biogaz, produit à partir de déchets agricoles et ménagers, en tant que carburant pour la cuisson, devrait aussi être exploré car assurément, il s'agit là d'une valorisation intéressante des déchets de l'agriculture. Toute activité humaine générant des déchets, plutôt que de les mettre en décharge, il vaut mieux les valoriser. En Europe, les incinérateurs de déchets urbains ne sont économiquement rentables que s'ils ont une capacité de 150 à 200 Mt/an, soit les déchets produits pour au moins 300 000 à 500 000 habitants. Puisque dans les pays moins riches on produit moins de déchets par habitant, on voit que la rentabilité économique de l'incinération devient problématique. C'est pourquoi la méthanisation semble une voie intéressante. D'ailleurs, dans l'UE la production de biogaz représente 70 % de celle de l'éolien et le double du solaire photovoltaïque. Dans certains pays asiatiques, des opérateurs du secteur privé ont développé un marché rentable d'installation de biogaz. En 2010, la Chine a construit et déployé cinq millions d'installations de production de biogaz. L'Inde, le Népal et le Vietnam en ont en tout 200 000 unités.

Il s'agit d'installations domestiques qui peuvent transformer par fermentation les excréments d'animaux et les déchets ménagers organiques en gaz méthane. Des études ont constaté que l'utilisation de biogaz permet de réduire considérablement les maladies respiratoires, les infections des yeux, l'asthme et d'autres problèmes pulmonaires. Même s'il ne faut pas se bercer d'illusions en pensant que c'est une panacée qui va permettre de se passer des énergies fossiles ou du nucléaire, les applications locales se multiplient et peuvent être des solutions transitoires vers les énergies fossiles qui sont d'un emploi aisé.

5.3.2. D'autres solutions pour la cuisson non traditionnelle

Pour être à la mode, les ONG environnementales proposent des cuisinières solaires, une solution qui n'est pourtant pas promue en Allemagne, le pays qui est celui qui a installé le plus de panneaux photovoltaïques dans le monde avec 38 % de la capacité mondiale. Ces cuisinières solaires peuvent être utilisées dans des zones où l'énergie solaire est abondante la plupart de l'année, ce qui est fort heureusement le cas là où la pauvreté énergétique est endémique. Il existe trois types de cuiseurs solaires : les panneaux, les boîtes et les paraboles, qui produisent tous de la chaleur au départ de l'énergie solaire thermique. Les cuisinières à panneaux sont des espèces de parapluies inversés qui, grâce à leur surface réfléchissante, permettent la concentration des rayons solaires vers le centre du dispositif et donc concentrent l'énergie solaire qui tombe sur le dispositif. C'est une conception simple et donc peu coûteuse grâce à des panneaux solaires constitués de feuilles réfléchissantes collées sur un support en plastique ou en métal voire même en carton pour recueillir la lumière du soleil. Plus qu'une plaque de cuisson, c'est en fait un four qui permet de cuire dans une casserole entre 120° et 180°C. Les boites de cuisson solaires sont semblables quant au principe mais comme le nom l'indique, il s'agit cette fois de concentrer la chaleur à l'intérieur d'une boite. Plus grands et moins portables que les cuiseurs à panneaux, ces fours solaires atteignent des températures de 180-200°C. Enfin, les fours paraboliques ressemblent aux antennes paraboliques pour capter les chaines de télévision. Dans le foyer, au lieu de placer le capteur d'ondes TV, on y place le récipient qui contient les aliments à cuire. Ils cuisent aussi vite qu'un feu ouvert et peuvent être utilisés du lever au coucher du soleil. A partir d'une énergie gratuite et sans limite, ces cuiseurs solaires ne produisent aucun impact négatif sur la santé. Mais si cela semble très intéressant, l'application massive l'est nettement moins. Le jour où les Européens du sud (Grèce, Chypre, Sicile, etc.) appliqueront ces techniques, peut-être pourrons-nous dire aux pauvres énergétiques qu'ils devraient eux aussi adopter de telles solutions.

Lorsque j'étais à l'université, pour préparer mes repas dans ma chambre d'étudiant, j'utilisais un petit réchaud qui fonctionnait à « l'alcool à brûler ». Il ne laissait aucune odeur, ne produisait aucune fumée et était très simple d'usage. Il est donc normal que l'on ait pensé à utiliser des alcools (éthanol et méthanol) pour soulager la pauvreté énergétique et pour remplacer la biomasse traditionnelle. Puisqu'ils sont liquides, ils présentent un énorme avantage sur tous les autres combustibles. On n'y prête pas trop attention, mais c'est la forme liquide qui confère au pétrole son grand avantage sur tous les autres combustibles. En effet, les solides sont difficiles à manipuler et les gaz doivent être confinés dans des réservoirs lourds sous pression. La forme liquide, qui permet un transport et un transbordement aisés, présente un avantage incommensurable.

Des études menées dans un certain nombre de pays, à la fois en laboratoire et sur le terrain, ont montré le bénéfice des appareils de cuisson à alcool pour réduire considérablement la pollution de l'air ambiant par rapport aux appareils de cuisson à la biomasse ou au charbon de bois.

Les cuisinières à alcool présentent l'avantage de produire beaucoup moins de CO (monoxyde de carbone), ce gaz toxique qui provoque encore aujourd'hui des morts chaque année à cause de chaudières domestiques mal réglées, que les appareils de cuisson utilisant des combustibles solides et du pétrole lampant. Cette solution à première vue semble donc intéressante. Et pourtant, connaissez-vous beaucoup d'Européens qui cuisinent quotidiennement avec ces produits ? S'ils sont intéressants et sympathiques dans des circonstances particulières, par exemple lorsqu'on organise une soirée fondue ou bien lors du camping, force est de constater qu'ils ne sont pas utilisés massivement. Il y a pour cela une raison objective : c'est leur coût prohibitif, parce que les alcools n'existent pas dans la nature [a] et qu'il faut donc les produire dans des usines pétrochimiques c'est-à-dire au départ du pétrole. Les alcools sont donc tout naturellement plus chers que les produits de base de cette pétrochimie. Si cette vérité triviale s'impose à nous, elle l'est encore plus pour ceux qui pâtissent de pauvreté énergétique.

Le charbon de bois est une forte réalité en Afrique comme elle l'a été dans le passé en Europe. Le besoin en énergie est tellement pressant en Afrique qu'il est utilisé par les familles, les cuisines des restaurants, hôpitaux, écoles, et même pour le repassage etc. (Figure 5-11 et Figure 5-12). Tandis que le bois coupé jeune est plus utilisé dans les zones rurales où il est disponible, le charbon de bois, plus facile à transporter, lui est préféré dans les villes.

Figure 5-11 Cuisson au charbon de bois en RDC (crédit photo : Orlando Furfari, 2016)

[a] Le vin, la bière, les liqueurs en contiennent naturellement mais chacun sait qu'ils ne brûlent pas.

Figure 5-12 Grille-pain au charbon de bois en Tanzanie (crédit photo : Orlando Furfari, 2015)

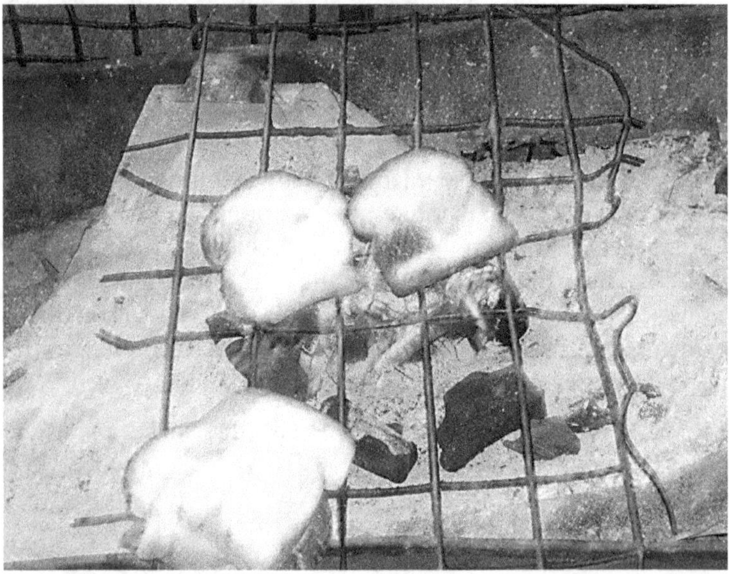

Figure 5-13 Fer à repasser au charbon de bois en RDC (crédit photo : Orlando Furfari, 2016)

Dans certaines régions du monde, en particulier en Amérique latine et au Mexique, on utilise traditionnellement la cuisine à la « plancha » qui signifie littéralement « plaque de fer »[a]. Ces plaques chauffantes qui permettent la cuisson des tortillas sont chauffées dans des fournaises heureusement généralement connectées à des cheminées qui évacuent les fumées toxiques de la combustion vers l'extérieur. Mais le problème demeure : quelle est la source d'énergie primaire ? Si ce sont des déchets agricoles, des bouses, des branches, des pommes de pin, ou tout autre résidu que génère la nature, on en sera réduit toujours à la production de polluants atmosphériques si la combustion est rustique.

Parmi les méthodes extravagantes, on peut signaler les appareils de cuisson électriques. Convertir l'énergie électrique en chaleur pour la cuisson est une aberration qui ne se justifie que lorsque l'énergie électrique est abondante grâce à la production électronucléaire, comme par exemple en France, ou grâce à l'hydroélectricité, comme en Norvège. Ces exemples ne doivent pas induire en erreur : transformer une forme d'énergie primaire (pétrole, gaz, charbon, biomasse) en électricité pour ensuite produire de la chaleur est une aberration physique car on peut l'utiliser directement pour en faire de la chaleur sans perdre en efficacité[4]. Bien entendu, cette utilisation aisée des réchauds électriques est limitée aux zones qui ont accès à l'électricité, ce qui exclut souvent les communautés rurales des pays pauvres. Bien que ces appareils de cuisson soient monnaie courante dans le monde développé, ils le sont heureusement moins dans les pays en développement où l'accès et le coût de l'électricité en limite fort judicieusement leur déploiement. D'évidence, c'est une fausse bonne idée pour les pays où règne la pauvreté énergétique.

[a] « Planchar » signifie en espagnol « repasser » avec un fer (à repasser).

6.

L'ÉLECTRIFICATION DES PAYS EN DÉVELOPPEMENT

Aujourd'hui, nos économies ne peuvent plus fonctionner du tout sans électricité. Sans celle-ci, il n'y a plus d'industrie, il n'y a plus de transport (même le transport aérien a besoin d'électricité car les aéroports en consomment beaucoup). Et bien entendu notre vie quotidienne en serait chamboulée. L'électrification induit l'accès à l'eau et à l'amélioration de l'hygiène et mais est aussi indispensable pour les soins de santé et la conservation des aliments. Sans électricité, que seraient nos hôpitaux ? Bien entendu sans électricité il n'y aurait pas d'éducation digne du XXIème siècle. L'électrification se situe en amont de tous les autres secteurs du développement. Il est donc essentiel que l'électrification pénètre partout, en abondance et à un prix compétitif. On est en droit de se demander comment il se fait que l'on ait tant tardé pour électrifier tant de pays.

Dans les pays de l'OCDE, il est considéré comme normal d'avoir un taux d'accès à l'électricité de 100 %. On observe (Figure 6-1) que la population de l'Afrique subsaharienne est celle qui est le plus privée de cet accès à ce bien si essentiel pour le développement économique. Plusieurs autres zones du monde ont des taux de pénétration de l'électricité de l'ordre de

95 %, car des zones rurales reculées ne sont pas encore électrifiées. Cela peut être compréhensible dans un stade non abouti du développement. Cependant, la situation en Afrique subsaharienne et dans une moindre mesure en Asie du Sud ne peut qu'interpeler.

Figure 6-1 Pourcentage de la population qui a accès à l'électricité
(données de la Banque Mondiale de 2015 pour l'année 2011)

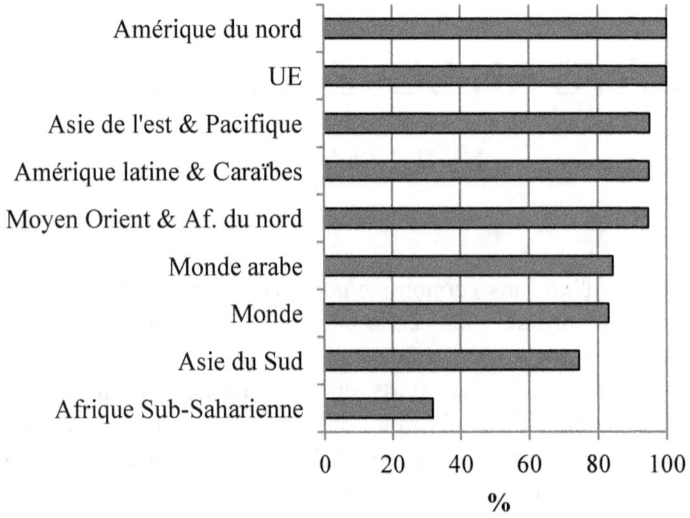

6.1.Le charbon, moteur de l'électrification de la Chine et de l'Inde

La Chine a vu sa pauvreté réduite considérablement grâce à l'électrification. Au début des années 1990, j'étais le responsable à la Commission européenne du développement des technologies non polluantes pour la génération d'électricité. Je me souviens parfaitement de la visite d'une délégation chinoise qui était venue apprendre quel était l'état de l'art de ces technologies dans l'UE. Ils nous avaient expliqué alors que 300 millions de Chinois – soit l'équivalent de la population de l'UE à l'époque – n'avaient pas accès à l'électricité. Aujourd'hui, pratiquement tous les Chinois y ont accès, permettant aux familles de vivre de manière moderne et non plus rudimentaire.

Cet accès généralisé à l'électricité en Chine est surtout le résultat d'une utilisation massive du charbon, comme on l'a vu dans la Figure 2-1. En effet, en 25 ans, la production d'électricité basée sur ce combustible fossile a augmenté de 650 %. La capacité de production d'électricité installée et la production annuelle d'électricité ont dépassé respectivement le milliard de kW et 4,7 milliards de kWh.

En 2014, 2,7 milliards de tonnes de charbon ont été extraites en Chine et comme cela était insuffisant, le pays en a importé plus de 250 millions de tonnes, consommant ainsi plus de la moitié de la production mondiale de houille[a]. Dans une dizaine d'années, la Chine pourrait en produire cinq milliards de tonnes. Le charbon est le combustible le plus important du pays, car il représente 70 % de l'approvisionnement total en énergie primaire, une part bien supérieure à la moyenne mondiale qui est de 30 % (Figure 1-4). Le charbon génère ainsi 80 % de son électricité. L'hydroélectricité et le nucléaire sont en forte croissance, mais les énergies renouvelables, même si elles croissent fortement en valeur relative, restent marginales en valeur absolue. Cependant, la production et l'utilisation du charbon ne sont pas sans conséquence sur la sécurité des travailleurs et l'environnement.

Il n'y a pas qu'en Chine que le charbon a le vent en poupe, de sorte que cette source d'énergie est de loin la première utilisée pour la production d'électricité dans le Monde (41 %) (Figure 6-2). Et cette part ne fait que croître.

---

[a] La houille est le nom plus précis pour ce qui est communément appelé charbon car ce dernier terme englobe différents types de combustibles solides.

Figure 6-2 Production d'électricité mondiale par énergies primaires

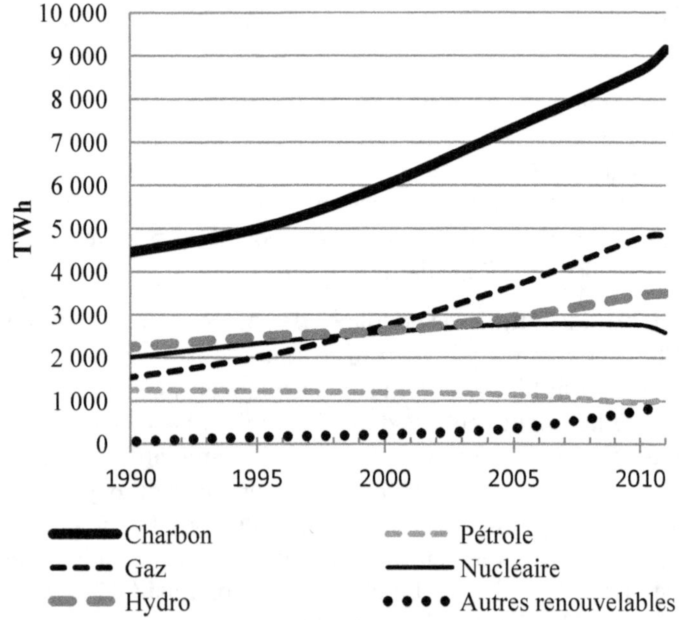

Force est de constater que plus le pays brûle de charbon et mieux la population se porte. Mais est-ce uniquement une corrélation ou bien également une causalité ? Depuis les années 1990, grâce à cette utilisation massive du charbon pour électrifier tout le pays, la Chine est sortie de la pauvreté. Ainsi, selon les données de la Banque Mondiale pour la Chine[62], entre 1992 et 2011, la part de personnes vivant avec moins de deux dollars par jour est passée de 45,6 % à 9,1 %. L'espérance de vie (hommes et femmes) a augmenté de six ans, en passant de 69 à 75 ans. La mortalité maternelle est passée de 120 à 37 pour 100 000 naissances et le taux de mortalité infantile (moins de cinq ans) est passé de 54 à 14 pour 1 000 naissances. Quant à l'accès à l'eau potable en milieu rural, le pourcentage de la population rurale y ayant accès est passé de 56 % à 84,9 %. En ce qui concerne les progrès en matière de nutrition, l'indicateur de prévalence de la malnutrition, chez les enfants de moins de cinq ans, est passé en 20 ans de 12,6 % à 3,4 %.

Lorsqu'on vous dira la prochaine fois que le charbon pollue la Chine, pensez à ces données officielles de la Banque Mondiale qui démontrent que, même s'il y a pollution, les avantages sont nettement supérieurs aux inconvénients.

Certes, les images impressionnantes de Pékin lors des Jeux olympiques de Pékin en 2008 nous ont montré de manière frappante combien la ville était polluée. Mais observons que cette pollution n'est pas d'abord due à la production d'électricité en centrales électriques au charbon mais bien au chauffage domestique. En effet, les Chinois se chauffent beaucoup au charbon avec des petites chaudières individuelles, ce qui rend difficile d'éviter la pollution. Avec des technologies obsolètes, polluantes et inefficaces, les familles sont contraintes d'utiliser des méthodes d'appoint, utilisant ainsi pour produire leur énergie du bois, du fumier, des déchets, et même du pétrole – oui de l'or noir était utilisé faute de mieux. Toutes ces utilisations sont des sources de pollution qui occasionnent des dégâts sur la santé des populations. Le chauffage urbain[a] au charbon devrait être privilégié car ainsi il serait possible de mieux maîtriser la pollution dans des installations centralisées par des technologies plus propres et une meilleure manutention. Mieux encore, le pays aurait intérêt à privilégier le gaz naturel pour le chauffage mais cela aurait des conséquences géopolitiques qui sortent du cadre de notre essai.

Mais revenons à l'électricité. Les progrès ont été si fulgurants que l'Agence internationale de l'Energie parle de la Chine comme d'un « miracle économique » grâce au charbon[63] et souligne même que « l'expérience de la Chine est une leçon pour le reste du monde ». En effet, avant cette utilisation massive et moderne du charbon en centrales électriques, le pays était bien plus pollué qu'aujourd'hui car, autrefois, les Chinois utilisaient une myriade de petites centrales inefficaces et polluantes.

---

[a] Le chauffage urbain consiste à produire de la chaleur dans une centrale et de transporter l'eau chaude par un réseau de conduites qui arrivent dans celui du chauffage central des maisons.

Il y a bien entendu de la pollution en Chine mais les avantages apportés par l'électrification compensent très largement cet inconvénient. Il ne faut d'ailleurs pas croire pour autant que la Chine n'ait cure de l'environnement ; en fait, elle a passé le « tournant » de la courbe de Kuznets (Figure 3-3). En particulier, la Chine promeut vigoureusement les économies d'énergie et il y a découplage entre croissance économique et croissance de la demande en énergie. Pendant la période 1981-2011, la consommation énergétique de la Chine a augmenté de 5,8 % par an alors que la croissance économique annuelle était de dix pour cent.

Malheureusement, le charbon produit en Chine est assez sulfureux, provoquant émissions importantes de SO_2 et dégâts à l'environnement. Bien entendu pour les Chinois comme pour les autres êtres humains, la pollution n'est pas un choix de vie mais la conséquence d'une priorité à la croissance plutôt qu'à l'environnement.

Aujourd'hui, les anciennes centrales électriques, petites, rustiques et polluantes, ont été démantelées. Des centrales au charbon propres les ont remplacées. Ce pays est à présent à la pointe de la technologie propre de combustion du charbon, notamment les centrales appelées supercritiques et ultra-supercritiques[a], qui permettent de meilleurs rendements que les centrales classiques et produisent beaucoup moins d'émissions polluantes. Sans qu'il soit ici opportun de rentrer dans les détails technologiques, la Figure 6-3 illustre l'évolution positive des centrales modernes au charbon. Elles sont moins polluantes du point de vue de la pollution atmosphérique, elles ont un meilleur rendement de combustion et donc produisent moins de CO_2 et exigent également moins d'eau. Tout cela résulte de progrès technologiques, notamment grâce au développement de nouveaux matériaux.[b]

---

[a] Il s'agit des conditions de la vapeur produite par la chaudière, vapeur à haute température et haute pression.

[b] Sans entrer dans les détails, les différentes classifications dans la Figure 6-3 font références aux conditions de température et de pression de la vapeur

Figure 6-3 Impact environnemental des centrales électriques au charbon en fonction de la technologie
(100= ancien standard – source[64])

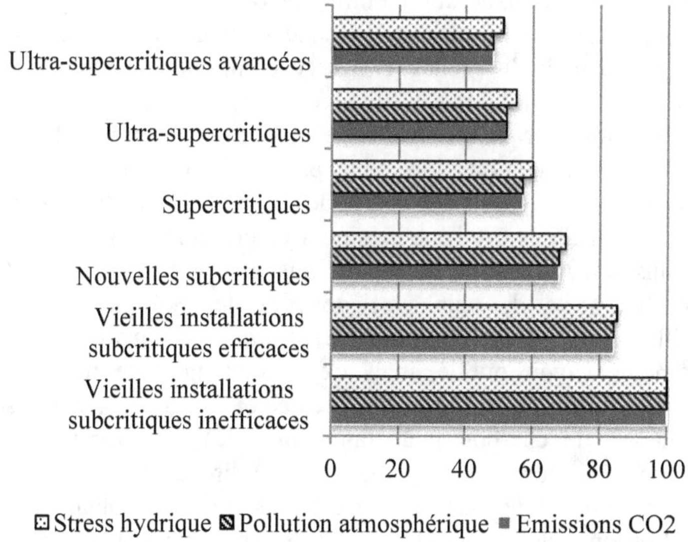

Ailleurs dans le monde développé, il est plus difficile de construire de telles centrales. Dans l'UE, les compagnies d'électricité hésitent à définir leurs choix énergétiques et il y a de toute façon de fortes oppositions des activistes ou de la population envers le charbon. Aux U.S.A., le gaz de roche-mère est devenu si abondant que le gaz naturel est devenu la principale énergie primaire pour la génération d'électricité.

A la fin de la décennie 1980, j'étais responsable à la Commission européenne du développement des centrales propres au charbon. Un des projets phare était la centrale dite « en lit fluidisé circulant » de Carling (près de Forbach en Lorraine), où une technologie innovante permettait de brûler

---

d'eau produite dans la chaudière au charbon en question. Des températures et pressions plus hautes et donc plus favorables sont possibles grâce à l'utilisation de nouveaux aciers résistant précisément à ces conditions sévères.

toutes sortes de combustibles fossiles, y compris des déchets de lavoirs de charbons accumulés au cours du temps lors de la production charbonnière par les Houillères de Lorraine. Cette démonstration d'une technologie innovante, efficiente et propre – fruit d'une collaboration entre Alstom[a], Charbonnages de France et la Commission européenne - fut un succès au point que l'on venait du monde entier (y compris de Chine) pour visiter cette centrale. Par la suite, cette technologie a été vendue aux Chinois car eux croyaient encore à la nécessité d'avoir recours à ce combustible pour passer de la pauvreté à la prospérité. La moyenne d'âge des centrales électriques au charbon en Chine est d'une dizaine d'années tandis qu'elle est de 34 ans en Allemagne et de 46 ans aux U.S.A.[40] Nouvelle installation va de pair avec nouvelle technologie et donc meilleure performance. Comme c'est étrange : nous européens semblons l'avoir oublié, mais c'est exactement ce que nous avons fait au cours du XXème siècle: nous avons utilisé beaucoup de charbon pour faire sortir les Européens de la misère. Pourquoi voudrions-nous l'interdire aux autres ? La Chine, dans tous les cas, n'est pas prête à abandonner l'utilisation massive du charbon. Elle n'a qu'un but, rendre sa population plus prospère et le charbon en est le vecteur.

L'Inde quant à elle souffre énormément de la pauvreté énergétique, alors qu'elle doit faire face à une forte croissance de sa demande d'énergie. Un ministre indien a déclaré que « *pendant longtemps on a pensé que le plus important était les routes. Aujourd'hui on a compris que c'est l'électricité, l'électricité, l'électricité* ! »[65]. Pourquoi est-ce si important pour l'Inde ? D'une part, à cause de la croissance de sa population (de l'ordre de 6% par an) et de l'évolution du niveau de vie, notamment avec une classe moyenne en pleine expansion.

[a] Cette entreprise française, avec qui j'ai pu collaborer pendant des années en matière de démonstration de combustion propre du charbon, possédait un savoir-faire en matière de centrales propres exceptionnel. Elle l'a acquis en construisant des centrales en Europe, en apprenant en Europe. Puisque nous tournons le dos à cette filière d'avenir, il n'est pas surprenant que ce fleuron européen soit passé sous contrôle de l'Américain General Electric.

D'autre part, en devenant le « bureau du monde »[a], l'Inde a connu une croissance économique rapide au cours des 20 dernières années, ce qui a entraîné une croissance de 208 % de la consommation d'énergie. La capacité installée est passée de 1 350 MW lors de l'indépendance en 1947 à plus de 160 000 MW aujourd'hui. Mais beaucoup reste à faire car la population de l'Inde est 2,5 fois celle de l'UE alors que sa capacité électrique installée est 15 fois inférieure[b]... On peut donc dire que, par habitant, la capacité de génération électrique en Inde est 38 fois moins importante que dans l'UE.

Le 12ème Plan du Gouvernement indien pour 2017 insiste sur le fait que « *le charbon est reconnu comme étant la source d'énergie la plus importante pour la génération de l'électricité en Inde du fait de son abondante en Inde* »[66]. Dans la préface de ce plan, le ministre de l'énergie précise que « *la mission du Gouvernement est de fournir de l'électricité de qualité pour tous et à un prix raisonnable. [...] Je dois préciser que la capacité additionnelle de 76 000 MW planifiée dans le 12ème Plan prévoit 63 000 MW* [c] *de centrales au charbon. [...]. L'importation de charbon est inévitable* »[66] [du fait du retard pris dans les investissements dans la production minière]. Visiblement pour les Indiens, le charbon ne représente pas une menace pour l'environnement mais au contraire ce qui permet de sauver des vies.

Depuis 1990, la production d'électricité à partir du charbon a crû de 260 % et pendant ce temps l'espérance de vie a augmenté

---

[a] La Chine est appelée « l'atelier du monde » car on produit là tant de biens de consommation que les occidentaux aiment acheter à bas prix. L'Inde est appelée « le bureau du monde » car de nombreux travaux de bureau sont externalisé dans ce pays. Un exemple parmi beaucoup : SAIPEM, l'entreprise d'ingénierie énergétique du groupe énergétique italien ENI a transféré une partie de son travail de bureau et d'ingénierie en Inde pour des raisons évidentes de compétitivités, les ingénieurs indiens étant compétents et coûtant moins que leurs homologues européens (voir http ://www.saipem-india.com/).

[b] Capacité électrique : en Inde : 160 GW, dans l'UE : 912 GW.

[c] Soit 83 %

de huit ans alors que le taux de mortalité infantile a diminué de 35 pour 1 000 naissances[67].

Toutefois, il reste encore 289 millions d'Indiens sans accès à l'électricité, soit un quart de sa population, soit presque l'équivalent de la population des Etats-Unis ; et il y a quelques centaines de millions – certains parlent de 800 millions mais il n'y a pas de statistiques – qui subissent régulièrement des coupures d'électricité et un nombre inconnu – et pour cause – de personnes qui volent tout simplement l'électricité dont ils ont besoin pour s'éclairer ou recharger un téléphone portable. Ce n'est assurément pas une chose compliquée à faire lorsqu'on voit les photos des amas de câbles qui s'entremêlent dans les ruelles des villes indiennes[a].

La crise de l'énergie dans le sud de l'Inde et de l'Etat du Tamil Nadu en particulier inquiète particulièrement. Chennai, qui est la capitale de cet Etat, est affectée par deux heures de coupures d'électricité par jour. L'électricité y est même produite par des générateurs diesel afin de minimiser les périodes au cours desquelles la ville est plongée dans le noir. Les régions du Tamil Nadu, et en particulier la zone très industrielle de Tiruchirappalli, subissent des coupures d'électricité de six à sept heures par jour. Il n'est donc pas étonnant que dans cet Etat on prépare la construction d'une centrale nucléaire à Chennai.

Il faut donc non seulement assurer la croissance de la demande en électricité des 75 % des privilégiés mais aussi permettre aux 25 % restant d'y avoir accès. Afin de faire face à ce besoin, il faudrait construire encore l'équivalent de 90 000 MW de nouvelles capacités de production d'ici 2017. L'Inde, à l'instar de la Chine, mise sur le charbon pour atteindre cet objectif. On comprendra aisément que l'on ne pourra pas construire autant de nouvelles centrales d'énergies renouvelables intermittentes (éoliennes ou solaires) car il faudrait de toute façon installer aussi celles qui devraient fournir l'électricité lorsque le vent ou le soleil ne peuvent le

[a] Il suffit de taper « India electricity cables » dans Google pour obtenir une preuve imagée.

faire. Si dans les pays de l'OCDE, en étant riches et préoccupés fortement par les questions environnementales et après des décennies d'efforts, on ne parvient à produire que quelques pour cent d'électricité renouvelable (hors hydro-électricité) on ne voit pas comment chez eux il sera possible de se passer des énergies fossiles et du nucléaire pour générer une telle quantité d'électricité supplémentaire. Le gouvernement indien estime que d'ici 2050 il faudra que le nucléaire représente 25 % de la production d'électricité alors qu'il n'est actuellement que de trois pour cent. Le charbon local est la principale source d'énergie pour générer l'électricité: le pays en possède 118 milliards de tonnes, dont un tiers se trouve dans l'état de Jharkhand. L'Inde est le troisième plus grand producteur de charbon au monde et le restera. Le charbon extrait en Inde a généralement un faible pouvoir calorifique, une teneur en cendres élevée, mais heureusement il a aussi une faible teneur en soufre. Environ 90 % du charbon indien est extrait dans des mines à ciel ouvert, et le reste en mines souterraines. La productivité des mines indiennes est encore relativement faible. Mais ces considérations sont relatives car en Inde les responsables politiques, comme dans les autres pays émergents, ont tous ce même souci : consommer plus d'énergie de manière à apporter plus de bien-être aux populations. Selon la Banque Mondiale[42], entre 1970 et aujourd'hui, la part des énergies fossiles dans la consommation d'énergie du pays est passée de 37 % à 72 %, démontrant donc bien que pour ce pays, la part des énergies renouvelables diminue et que celle du charbon croît fortement.

En 2005, les autorités indiennes ont lancé le projet Rajiv Gandhi Grameen Vidyutikaran Yojana (RGGVY)[68]. Celui-ci a comme objectif d'électrifier 100 000 villages de plus de 100 habitants de manière à fournir gratuitement de l'électricité à plus de 17 millions de ménages dans les campagnes qui vivent en dessous du seuil national de pauvreté. A la mi-2012, 21 420 290 ménages ont été connectés au réseau électrique grâce à cette initiative. En 2030, l'Inde pourrait atteindre un taux d'électrification de respectivement 98 % et 84 % en zone urbaine et rurale.

En 2007, à Rome, lors du débat qui a eu lieu à l'occasion du Congrès mondial de l'énergie[69], le Commissaire européen Andries Piebalgs, en charge à l'époque de l'énergie, a demandé au ministre indien de l'Énergie, Sushil Kumar Shinde, que l'Inde s'engage avec l'UE en faveur d'un accord international contre le changement climatique d'origine humaine lors de la Conférence sur le changement climatique de Copenhague. Le ministre indien lui répondit « *Pensez-vous que je vais rentrer en Inde en disant qu'à Rome on m'a demandé de dire aux cinq cents millions d'Indiens qui n'ont pas accès ou un accès limité à l'électricité de ne plus espérer d'avoir un jour accès continu à l'électricité* ? ». Peu avant, dans son discours en plénière, il déclarait que « *l'amélioration de l'approvisionnement énergétique et l'accès à l'énergie sont, par conséquent, des éléments clés de notre stratégie de développement national. Nous prévoyons d'augmenter la mise à disposition d'électricité pour les habitants par la construction de 1 000 centrales d'ici 2012 en exploitant différentes sources d'énergie le plus proprement possible. Le choix des carburants est souvent guidé par la localisation, la disponibilité et l'accessibilité géographiques* »[69].

Ce ministre indien voulait dire, en termes diplomatiques, que l'Inde allait construire des centrales électriques qui fonctionneraient avec du charbon indigène, ressource pourtant connue pour être le combustible fossile le plus mauvais en termes d'émissions de CO_2. On comprend que ce soit une tâche titanesque, surtout pour un pays en développement. D'ailleurs l'objectif de « réduction » indicatif (NDC[a]) que l'Inde a proposé lors de la COP-21 est une augmentation (!) de 150 % alors que la Chine a proposé 140 % d'augmentation. Lorsque l'équivalent de presque cinq fois la population de la France n'a pas du tout d'électricité à la maison, la lutte contre les émissions de gaz à effet de serre semble être le cadet de leurs soucis. Pire ! Selon l'Agence internationale de l'Energie, à l'horizon 2030, il restera malgré tout 153 millions d'Indiens sans électricité, soit encore plus du double de la population française[70].

[a] Voir page 70

Les fameux black-out[a] de juillet 2012 ont laissé dans le noir la moitié des habitants de l'Inde, soit 600 millions de personnes. Les black-out sont courants en Inde tant du fait de l'inadéquation de la production et de la demande que de la vétusté du réseau. De plus, la qualité du service n'est pas satisfaisante puisqu'il y de fortes variations de tension qui perturbent par effet domino le système électrique dans l'ensemble du pays. Cela se fait encore plus sentir dans les zones rurales car elles sont moins bien interconnectées.

La Chine et l'Inde sont donc des pays emblématiques pour la croissance de la consommation de charbon et il est indéniable que cela les aide à sortir de la pauvreté énergétique. Ils servent d'exemples aux pays pauvres en énergie. Certes, la situation varie fortement de pays à pays et certains s'en sortent mieux que d'autres dans la course contre cette pénible pauvreté énergétique. Des progrès significatifs dans l'électrification sont à souligner ailleurs également, comme par exemple au Bangladesh, au Sri Lanka et au Vietnam.

Arrêtons-nous un instant dans ce pays où la part de la population qui est raccordée au réseau électrique est passée en 35 ans de moins cinq à 98 %. Grâce à sa très forte croissance économique depuis une vingtaine d'années, le Vietnam connait également une forte croissance de la demande en énergie. Le pays annonce des projets de développement d'énergies renouvelables dans toutes les filières et espère arriver à 6% en 2030, soit un doublement par rapport à 2016. Mais conscientes des coûts, les autorités ont repoussé leurs projets à l'horizon 2020-2030. Comment donc répondre à cette demande croissante d'électricité le plus rapidement possible ? Avec du charbon, dont le pays possède des réserves dans le nord et dont Hanoi décourage l'exportation afin de réserver la production au marché intérieur, vu la demande croissante. La consommation

---

[a] Le blackout intervient lorsqu'une trop forte demande d'électricité fait déclencher le réseau et par un effet de domino, cela provoque une cascade de coupures de l'approvisionnement électrique plus ou moins généralisé. Il faut alors rétablir l'électricité patiemment, une partie de réseau à la fois.

devait passer de 25 millions de tonnes en 2012 à 75 millions de tonnes en 2030. Le gouvernement envisage également l'investissement dans l'hydroélectricité et l'électronucléaire. Bien que cette question géopolitique sorte du cadre de cet essai, observons que ce pays qui a humilié la plus grande armée du monde durant la guerre du Vietnam, collabore aujourd'hui avec son ancien ennemi dans le domaine de la politique énergétique. En effet, Washington a identifié Hanoi comme un partenaire clé dans le cadre du redéploiement de leur politique énergétique en direction de l'Asie-Pacifique[71].

Cette course à la génération d'électricité essentiellement à base de charbon induit une augmentation soutenue des émissions de CO_2 au niveau mondial. La Figure 6-4 illustre la croissance spectaculaire des émissions de dioxyde de carbone en Chine, en particulier depuis 2003, avec une augmentation presque exponentielle. Le pays le plus peuplé du monde produit 27 % des émissions de CO_2 et est ainsi le premier pays émetteur de CO2 au monde tant en valeur absolue qu'en émissions par personne. On notera sur la même figure que l'évolution des émissions de l'Inde (la dernière ligne en bas de la figure) est en train de prendre elle aussi une allure exponentielle.

On ne doit donc pas être surpris que depuis la conférence de Rio de Janeiro en 1992, lorsqu'on a commencé à s'inquiéter des émissions de CO_2 au niveau des Nations Unies, ces émissions ont en fait augmenté de 55 % au niveau mondial. La Figure 6 4 montre bien que les émissions aux U.S.A. (17 % du monde) et dans l'UE (11 % du monde) ont pris une tendance baissière mais cela ne parvient pas à limiter la croissance globale.

Figure 6-4 Evolution des émissions de CO_2 par zones géographiques

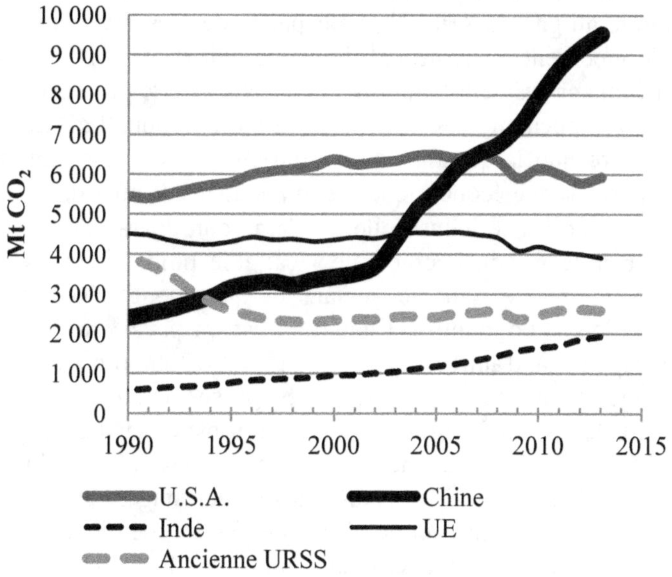

6.2.L'électrification de l'Afrique subsaharienne

Comme chaque année, un samedi de mars par an, à l'invitation du WWF, la population mondiale est invitée à se priver d'électricité pendant une heure afin de la sensibiliser aux dangers du changement climatique et à l'importance de faire des économies d'énergie. Au Cameroun, ils l'ont fait aussi. Mieux qu'en Europe, puisqu'une bonne partie de la capitale camerounaise n'est pas restée "une heure" sans électricité mais bien toute la journée. Et à nouveau le lendemain. En fait, ils sont privés d'électricité très régulièrement. Ce n'est pas pour donner un coup de pouce à la Planète ou pour faire plaisir au WWF mais parce que ce pays ne dispose pas des infrastructures nécessaires. Toute la nuit du 30 au 31 mars 2014, Yaoundé a été plongée dans l'obscurité, suite à un arrêt de la distribution de l'électrique. La compagnie nationale d'électricité AES Sonel a justifié ce délestage par des opérations de maintenance sur le réseau électrique du pays, mais c'était en fait un manque de capacité de production, malgré la mise en service de la nouvelle centrale au gaz de Kribi, d'une capacité de 216 MW. Pourtant, le Groupement interpatronal du Cameroun (GICAM) ne cesse de dénoncer ces délestages qu'il considère être le principal frein au développement des entreprises au Cameroun. Le GICAM considère que la question de l'électricité est le « thermomètre de la croissance économique » et qu' « un volet important de la nouvelle politique industrielle du Cameroun devrait consister à desserrer le verrou énergétique » car « le point de croissance recherché réside dans le sursaut de la réponse énergétique nationale ».[72] Pourtant, le Cameroun est un pays « privilégié » par rapport à d'autres car de 1991 à 2012 la proportion de ménages ayant accès à l'électricité est passée de 29 % à 54 % et la part de la population de Yaoundé qui est électrifiée était de 98,4 % en 2011. Cette amélioration ne doit pas donner l'illusion que les choses vont bien. Au-delà des délestages évoqués ci-dessus, le déficit en énergie électrique reste endémique dans le reste du pays et va croissant puisque la consommation électrique croît d'environ sept pour cent en moyenne annuelle alors que l'offre progresse d'à peine deux pour cent. C'est d'autant plus regrettable que, comme nous allons le voir plus loin, le potentiel hydroélectrique y est important comme dans beaucoup de pays africains.

La situation au Sénégal n'est guère plus enviable, même si 57 % de la population du pays a accès à l'électricité. Dans certains départements, l'accès à l'électricité en milieu rural ne dépasserait pas cinq pour cent. C'est pourquoi le gouvernement a lancé un « programme d'urgence d'électrification rurale » doté d'un budget de 150 millions d'euros afin d'atteindre un taux de 60 % de couverture en milieu rural d'ici fin 2016 avec un minimum de 30 % pour chaque département.

Table 6-1 Part de la population qui a un accès à l'électricité dans les pays d'Afrique subsaharienne
(Données de 2016 de la Banque Mondiale pour 2012[73])

Pays	%
Afrique du Sud	85
Angola	37
Bénin	38
Botswana	53
Burkina Faso	13
Burundi	7
Cabo Verde	71
Cameroun	54
Centrafrique	11
Comores	69
Congo (Brazzaville)	42
Congo (RDC)	16
Côte d'Ivoire	56
Érythrée	36
Éthiopie	27
Gabon	89
Gambie	35
Ghana	64
Guinée	26
Guinée équatoriale	66
Guinée-Bissau	61
Kenya	23
Lesotho	21
Liberia	10
Madagascar	15
Malawi	10

Pays	%
Mali	26
Maurice	100
Mauritanie	22
Mozambique	20
Namibie	47
Niger	14
Nigéria	56
Ouganda	18
Rwanda	18
Sao Tomé-et-Principe	60
Sénégal	57
Seychelles	100
Sierra Leone	14
Somalie	33
Soudan	33
Soudan du sud	5
Swaziland	42
Tanzanie	15
Tchad	6
Togo	31
Zambie	22
Zimbabwe	40
Total Afrique subsaharienne	**35**

La Table 6-1 donne la part de la population qui a accès à l'électricité en 2012. A part quelques exceptions notables, comme l'île Maurice ou les Seychelles qui sont complètement électrifiées et l'Afrique du Sud avec 85 % d'accès à l'électricité, le manque d'électricité en Afrique est endémique. En moyenne, seulement 35 % de la population d'Afrique subsaharienne y a accès ! Les pays où la présence française est forte semblent les moins bien lotis : au Tchad seulement six pour cent de la population a accès à l'électricité, en Centrafrique à peine 11 %, au Niger 14 % et au Mali 26 %. Mais le plus faible taux de pénétration est le Sud-Soudan avec cinq pour cent... En RDC (Congo Kinshasa), un pays qui possède un potentiel hydroélectrique gigantesque, seulement 16 % de la population a accès à l'électricité. En même temps, ce pays est confronté au terrible fléau de la mort des bébés: un nouveau-né sur cinq meurt avant d'atteindre cinq ans.

6.2.1. L'illusion de la production décentralisée en Afrique

Malgré l'existence de mégapoles en Afrique ou dans les pays d'Asie en développement, il faut encore atteindre une large partie de la population qui vit dans les campagnes ou autres zones isolées. Par exemple, au Pakistan, près de 70 % de la population vit dans les zones rurales. Au Burkina Faso, l'ONG Memisa[74] a soutenu des projets d'éclairage solaire au centre de santé de Soyah, pour les accouchements nocturnes et le frigo solaire. Avant, lorsque l'accouchement devait intervenir la nuit, l'accoucheuse devait intervenir avec une lampe de poche fixée sur sa tête. Grâce à des panneaux solaires, il y a désormais assez d'électricité pour pouvoir éclairer les salles d'accouchements. C'est un changement radical bienvenu. De tels projets méritent d'être encouragés bien entendu. Mais est-ce cela la solution que l'on souhaite pour l'ensemble des pays pauvres ? Je ne suis pas de cette opinion. Le grand besoin en électricité de l'Afrique ne peut pas être fourni par des panneaux solaires.

En effet, les énergies renouvelables ont plus de sens dans les zones rurales que dans les zones urbaines, mais du fait que la concentration de la population se fait, par définition, en zones à forte urbanisation, même les pays pauvres devront passer par une production centralisée d'électricité. Il y a 25 ans, il y avait une seule ville africaine de plus d'un million d'habitants; aujourd'hui il y en a 28... Et la carence d'électricité reste la même.

Que l'on commence par apporter un minimum d'électricité dans les zones reculées pour pallier au plus pressé, pourquoi pas. Mais cela appelle en parallèle le développement d'une solution durable, c'est-à-dire un réseau électrique, condition nécessaire – mais non suffisante – pour sortir les pays de la misère. L'exemple du tourniquet pour enfants que nous avons présenté à la première page et qui produit de l'électricité n'est, hélas, que l'énième mauvaise bonne idée pour électrifier l'Afrique.

Comme cela a été le cas dans nos contrées, la tendance, même dans les pays qui souffrent de pauvreté énergétique, est de viser avant tout la production centralisée d'électricité. Si l'expression « centrale électrique » s'est imposée, c'est précisément parce que cela a un sens technique et économique de produire l'électricité de manière centralisée[a]. Si aujourd'hui une certaine mode voudrait faire croire que tout ce qui est petit et décentralisé est bon et même meilleur, il ne faudrait toutefois pas tomber dans l'excès et refuser le bon sens même de la production centralisée. C'est la raison pour laquelle, à juste titre, les pays qui étaient confrontés à la pauvreté énergétique et qui en sont sortis ou le sont presque ont privilégié la production d'électricité à grande échelle et en corollaire les infrastructures nécessaires à son transport vers les consommateurs. La Chine

---

[a] Historiquement, on a regroupé des petites centrales dispersées sur un même site, d'où dérive le nom de centrale électrique.

n'a pas construit une myriade de petites centrales décentralisées mais des centaines de grandes centrales "centralisées".

Mais attention, un projet "centralisé" n'est pas nécessairement sensé. Pendant quelques années le projet Desertec a été présenté comme une nouvelle panacée. Il s'agissait d'un grand projet de 500 MW instigué par le Club de Rome et l'industrie allemande afin de produire, comme son nom l'indique, de l'électricité à partir de technologie moderne dans le désert et en l'occurrence dans le Sahara. D'abord, ils ont choisi ce qu'il y avait de plus spectaculaire, l'énergie solaire, mais lorsqu'ils ont admis, assez rapidement, que dans le désert il y a souvent des tempêtes de sable, que cela recouvrirait les surfaces étincelantes des beaux panneaux modernes et que cela ferait chuter l'efficacité et la rentabilité, ils sont passés à l'éolien. Ce projet a été porté par les médias toujours avides de nouvelles sensationnelles, surtout si elles font rêver. Grâce à ce savoir-faire allemand, on allait inonder l'Europe d'électricité renouvelable qui serait transportée par câble au travers de la Méditerranée. On ne s'était cependant pas posé la question de savoir si les pays du Maghreb auraient éventuellement plus besoin d'électricité que nous, à tel point que le quotidien néerlandais de tendance pourtant libérale Handelsblatt a parlé d'« éco-colonialisme »[a,75]. Personne n'avait d'ailleurs pensé – ou du moins cela a été caché – que cela poserait des risques de sécurité immenses: un attentat ou sabotage sur un câble qui transmet une si grande puissance électrique aurait pour effet immédiat un black-out électrique gigantesque qui plongerait instantanément toute l'UE dans le noir. Le rétablissement de l'électricité partout prendrait des semaines. Non, d'évidence un tel projet serait très dangereux pour la sûreté d'approvisionnement en électricité dans l'UE. Desertec présentait pourtant le Maroc comme le pays le plus attrayant pour réaliser ce projet futuriste.

Las ! Une à une, les entreprises se sont retirées car la réalité des coûts faisait mal. Lorsqu'il faut ouvrir le portefeuille,

---

[a] Öko-Kolonialismus.

l'idéologie et l'enthousiasme prennent leur véritable dimension. Desertec a rejoint la multitude de projets sympathiques et bien médiatisés mais totalement utopiques. En attendant, le Maroc continue d'acheter de plus en plus d'électricité en Espagne. En 2013, ce ne sont pas moins de 17 % des besoins en électricité du Royaume chérifien qui ont été importés de ce pays, soit dix pour cent de plus qu'en 2012. L'Europe n'importe donc pas de l'électricité marocaine d'origine solaire ou éolienne mais c'est le contraire ! Le monde réel fonctionne en sens inverse de l'illusion Desertec…

Certes, le projet solaire thermodynamique Noor 1[a], inauguré à Ouarzazate, au Maroc, en février 2016, mérite une mention dans ce livre. Avec deux autres centrales similaires pour une capacité totale de 580 MW, ce complexe solaire sera le plus grand projet au monde, plus grand que les projets Ivanpah dans le désert de Mojave en Californie. Mais cette technologie est la même qu'EDF avait testée dans les années 1970 dans les Pyrénées à la fin des années 1970 pour répondre à la crise du pétrole: le gouvernement français avait demandé à EDF de construire « Thémis », une centrale à énergie solaire à concentration à Targasonne (Pyrénées-Orientales) à 1 650 m d'altitude. Thémis n'a produit qu'entre1981 et 1984 faute de rentabilité économique. Certes, il y a plus de soleil à Ouarzazate mais cette solution n'a été permise que par diverses subventions et aides au financement généreuses. Or, notre réflexion porte sur le développement durable, c'est-à-dire le développement sans subventions.

Malgré tous les efforts entrepris par l'UE, il n'en demeure pas moins que le coût des énergies renouvelables n'est pas encore en mesure de concurrencer les autres formes d'énergies. Notons que la chute des prix des appareils de production d'électricité renouvelable – que ce soit des éoliennes ou des panneaux photovoltaïques – ne compense nullement le surcoût qu'ils occasionnent au réseau électrique. C'est d'ailleurs la raison pour laquelle une directive européenne[76] destinée à les

[a] Noor signifie lumière en arabe.

imposer par une obligation de résultats existe, car si elles étaient déjà compétitives il n'y aurait pas besoin de telles mesures législatives contraignantes pour les imposer au marché. De plus, le 9 avril 2014, la Commission européenne a publié des orientations pour gérer les aides d'Etat – normalement très strictement encadrées – que ces énergies doivent recevoir afin de pouvoir survivre[77]. L'argument selon lequel les énergies fossiles présentent des coûts externes non comptabilisés ne tient plus depuis que – précisément pour cette raison – on oblige la production des énergies renouvelables. Cela se fait dans un marché appelé « libre » mais qui dans les faits l'est de moins en moins puisqu'il y a obligation par l'autorité publique de produire de l'électricité à partir de sources renouvelables.

Si chez nous elles ne sont déjà pas économiquement rentables, il serait surprenant que les pays qui souffrent de pauvreté énergétique mettent leurs maigres ressources financières dans de telles solutions. Cela me fait penser au mot que l'on prête [78] à la reine Marie-Antoinette lors de la Révolution française. Lorsqu'on lui a annonça que les gens se révoltaient parce qu'ils n'avaient plus de pain, elle aurait répondu : « s'ils n'ont pas de pain, qu'ils mangent de la brioche ! ».

Imposer massivement des énergies renouvelables mais très chères à ceux qui n'ont pas le moyen de se payer de l'énergie fossile me semble pour le moins étrange. Cela ne signifie pas qu'il n'existe pas des niches où l'électricité aurait intérêt à être produite par des énergies renouvelables plutôt que de construire des lignes électriques. C'est d'ailleurs ce que l'on fait dans l'Union européenne dans certaines régions isolées en produisant l'électricité au départ d'énergies renouvelables. Il est donc normal qu'il y ait, dans les coins isolés ou inaccessibles des pays pauvres, des systèmes énergétiques décentralisés, de l'éclairage solaire, des éoliennes, des installations de biogaz, des cuisinières solaires, des gazogènes de biomasse, etc. Cela permet d'apporter un minimum d'électricité dans certains villages, d'alimenter un réfrigérateur pour conserver des médicaments au frais, d'éclairer une salle de classe, et quelques autres applications importantes mais limitées. Toutefois, l'ampleur du problème ne permet pas de penser que ces réalisations, malgré la sympathie qu'elles dégagent et rencontrent, ne sont pas la solution à la pauvreté énergétique. Il faudra avoir recours massivement à l'énergie fossile pour répondre à cette demande croissante. L'arbre ne doit pas cacher la forêt.

C'est ce qui se passe dans nombre de pays asiatiques. Illustrons cela par un témoignage d'une situation qui a radicalement changé en Indonésie et qui a été raconté avec émotion par Alastair Grant de l'entreprise indonésienne Adaro Energy le 14 novembre 2012, lors d'un débat du Forum Européen de l'Energie, présidé par l'ancien président du Parlement européen Jerzy Buzek[79]. M. Grant a expliqué que son épouse indonésienne est originaire de la partie centrale du pays, d'un village à l'écart sur une montagne et où il fait froid la nuit. Avant que le village ne fût électrifié, la plupart du temps on chauffait et cuisinait avec des feux au bois, car c'était la moins onéreuse des solutions. Comme d'autres femmes du village, sa belle-mère passait une grande partie de la journée à ramasser du bois, à couper des branches d'arbres pour cuisiner. La nuit, les maisons étaient remplies de fumée bleue produite par les feux de bois de sorte que les maladies respiratoires étaient courantes. Alastair Grant a expliqué qu'il refusait que ses enfants restent avec leurs grands-parents à cause de cette fumée nocive qui remplissait la maison. Et puis, tout d'un coup, un jour est arrivée l'électricité produite par une nouvelle centrale électrique construite sur la côte et fonctionnant au charbon local[a]. Cette électricité à faible coût a changé la vie du village, tout le monde étant désormais connecté au réseau électrique ; à présent l'air est propre et les gens ne perdent plus leur temps à aller couper du

---

[a] L'Indonésie est le septième pays producteur de charbon au monde. Elle en produit 400 millions de tonnes et en exporte 300 millions de tonnes. Pour mettre cela en perspective, il y a 20 ans la production de charbon en Indonésie n'était que de dix millions de tonnes. Une grande partie du charbon en Indonésie est à très faible teneur en soufre et faible teneur en cendres ce qui en fait un combustible de qualité. Presque toute la production se fait dans des mines à ciel ouvert ce qui permet un prix de production très bas. Les réserves étant énormes on s'attend à un très fort développement de cette production.

bois, et … Alastair Grant autorise ses enfants à rester chez leurs grands-parents. C'est un changement social et environnemental en cours dans toute l'Asie grâce au recours massif au charbon et à la production centralisée d'électricité.

Comme on l'a déjà dit, la production historique centralisée de l'électricité et sa distribution par un réseau unique est la solution économique la plus évidente. Mais le coût de l'électricité distribuée peut parfois être moins cher avec des mini-réseaux ou même hors réseau si les lieux de consommation sont trop éloignés ou non encore raccordés à la centrale électrique, en particulier dans les zones montagneuses ou insulaires. Il est donc normal que l'on envisage dans certaines zones rurales de tels mini-réseaux. Ces solutions ne requièrent pas d'investissements lourds d'interconnexion pour le transport de l'électricité, mais elles présentent un surcoût du fait de la taille limitée, ce qui pénalise encore plus les démunis, si cela n'est pas payé par les autorités du pays, c'est-à-dire par des subventions publiques. Ces solutions sont particulièrement nécessaires pour les pays de l'Afrique subsaharienne, comme l'Éthiopie, le Nigéria et la Tanzanie, où il y a une proportion relativement élevée de manque de connexions à l'électricité dans les zones rurales.

Dans l'Union européenne, on parle de plus en plus de « réseaux intelligents ». Puisque l'on vise la production d'électricité d'origine renouvelable, cette production est souvent par nature intermittente en fonction du vent ou de l'ensoleillement. Comme l'électricité est difficilement stockable, il faut qu'il y ait constamment et instantanément adéquation parfaite entre la production variable et la consommation, elle aussi variable à chaque instant. Cela n'est pas seulement nécessaire pour satisfaire le client mais c'est surtout pour assurer la stabilité technique du réseau électrique. Il va donc falloir que les réseaux soient capables de gérer progressivement cette double variabilité. Des solutions techniques sont à l'étude tant sur la production que sur le réseau ou chez le consommateur. En jouant sur les tarifs, on espère que certains consommateurs seront disposés à adapter leur consommation d'électricité en fonction des caprices du vent ou du soleil. On voit bien qu'il s'agit encore de solutions à construire et qu'il n'est donc pas question d'imposer de tels systèmes complexes à ceux qui pâtissent aujourd'hui du manque élémentaire d'accès à l'électricité.

Pour sa part, l'Agence internationale de l'Energie estime que la population sans accès à l'électricité va diminuer, mais cela se fera lentement car en 2040 il devrait encore y avoir 530 millions d'Africains au sud du Sahara sans accès à l'électricité (Figure 6-5).

Figure 6-5 Nombre de personnes en Afrique subsaharienne avec ou sans accès à l'électricité
(données de l'Agence internationale de l'Energie)[45]

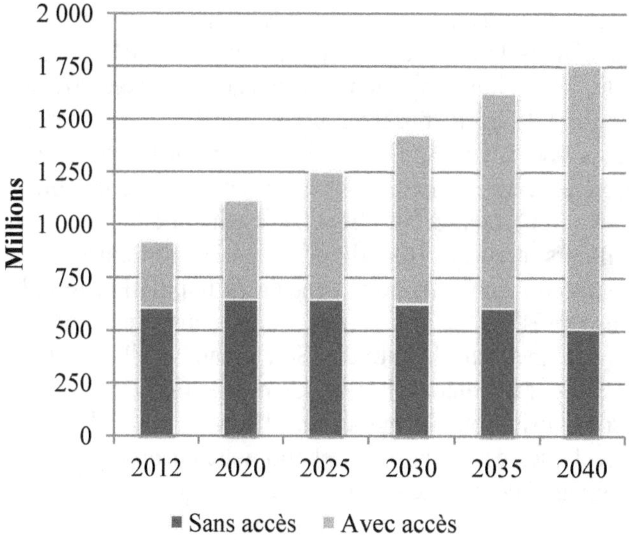

L'Agence Internationale de l'Energie a calculé qu'entre 2010 et 2030 le besoin de financement pour les investissements cumulés nécessaires afin de relier 550 millions de personnes supplémentaires aux réseaux électriques et d'apporter à 860 millions de personnes des moyens de cuisson non polluants s'élèverait à 296 milliards de dollars, soit une moyenne de 14 milliards de dollars par année. La plus grande partie de ce besoin, autour des 275 milliards de dollars, concerne l'investissement pour l'électricité. Avec un investissement annuel moyen de 13 milliards de dollars, 26 millions de personnes supplémentaires par an auront enfin accès au confort minimal de l'électricité (deux ampoules d'éclairage, un ventilateur, peut-être un réfrigérateur, un téléphone…).

Il apparaît que solutionner la pauvreté énergétique en électricité est bien plus coûteux que celle de la cuisson.

Or, selon l'expert en électricité Lionel Taccoen[80], près de 1 100 milliards de dollars ont été investis de 2004 à 2013 pour le déploiement des énergies renouvelables, alors que selon le Programme des Nations Unies pour l'Environnement, il aurait suffi de moins de 700 milliards de dollars pour financer l'accès à l'électricité des 1,2 milliard d'êtres humains qui en sont privés. Le constat amer est que l'on a investi pour les renouvelables le double de capitaux qu'il aurait suffi pour que tous les êtres humains aient enfin l'accès à l'électricité. Pour Taccoen, cela a été possible parce que le développement des énergies renouvelables a été une priorité des activistes environnementaux qui sont parvenus à convaincre les décideurs, et l'opinion publique a largement adhéré à cette idée par ailleurs attirante. Il souligne que « l'Union européenne, qui ne comprend que sept pour cent de la population mondiale, a dépensé près de la moitié des fonds consacrés aux énergies renouvelables dans le monde. Soit autant qu'il eut suffi pour faire accéder à l'électricité les 1,2 milliard d'êtres humains qui en sont privés ». D'évidence, l'attrait pour les énergies renouvelables est d'abord un phénomène européen mais qui n'a pas soulagé la pauvreté énergétique.

6.2.2.Le superlatif de la pauvreté énergétique

L'Afrique subsaharienne est dans une position peu enviable car elle est en retard par rapport à toutes les autres zones du monde. L'accès à l'électricité n'y est que de 25 %. Elle ne compte que seulement 12 % de la population mondiale, mais concentre presque 45 % des personnes du monde qui n'ont pas accès à électricité. L'Afrique subsaharienne (Afrique du Sud exclue[a]) possède une population de 791 millions d'habitants et une capacité de génération d'électricité d'environ 40 GW. En comparaison avec l'UE, ces deux données sont respectivement de 503 et 912, soit 37 fois plus de capacité installée par habitant dans l'UE. Un autre élément de comparaison est la capacité de génération d'électricité de la Belgique, de la Roumanie ou de la Tchéquie qui est de 20 GW chacune soit la moitié de toute l'Afrique subsaharienne (Afrique du Sud exclue). Plus choquant encore, le seul état de New York possède lui aussi une capacité de 40 GW…

Ce ne sont pas les objectifs qui font défaut : le Forum des ministres de l'Energie d'Afrique (FEMA)[81] propose d'arriver entre 50 et 100 % d'accès d'ici 2015. Mais le Plan d'action pour l'accès à l'énergie de la Banque Mondiale estime que même l'objectif de 50 % ne sera pas réalisable et qu'il faudrait être plus réaliste avec 35 % en 2015 et 48 % en 2030. En effet, six à 15 milliards de dollars d'investissements par an devraient être nécessaires pour arriver à cet objectif de 2015. Or elle ne promet que cinq milliards de dollars pour développer la production électrique dans six pays d'Afrique[82].

Il faudra être bien plus efficace dans la canalisation des investissements et mieux cibler les priorités. Il faut aussi penser à une approche globale. Croire qu'il suffit de placer une éolienne ou un panneau photovoltaïque pour solutionner le problème est un leurre grossier et inadmissible que trop d'ONG environnementales perpétuent en répétant à l'envi qu'« ils ne doivent pas répéter nos erreurs ». Produire de l'électricité pour soulager la misère c'est très bien, mais cela n'est pas suffisant pour rompre le cercle infernal de la pauvreté. Il faut faire l'inverse : apporter de l'électricité en abondance afin d'industrialiser le pays et ainsi éradiquer la pauvreté, comme cela a été le cas en Europe au XXème siècle. L'électrification déploie tous ses effets lorsqu'elle est accompagnée de la création d'autres infrastructures comme les routes, les télécommunications, l'industrialisation, le développement des

[a] On verra plus loin pourquoi ce pays est différent.

PME et les services financiers, qui stimulent les entreprises et le développement du marché [83] et qui a leur tour ont besoin d'électricité.

Le FEMA a été créé afin de fournir un leadership politique, une direction politique et pour plaider la cause de l'Afrique sur les questions énergétiques, cela de manière à accroître l'accès à l'énergie tout en assurant une bonne gestion des ressources énergétiques dans le cadre d'un développement durable, c'est-à-dire qui tienne effectivement compte de la dimension économique et sociale de l'Afrique. Ce forum estime que la coopération et les échanges interrégionaux constituent un facteur crucial qui devrait permettre la coordination dans la planification et la mise en œuvre de projets d'infrastructures électriques, ce qui va accroître à son tour la sécurité d'approvisionnement énergétique et la stabilité du marché électrique. Cette mise en commun favorise le partage et la rationalisation des ressources disponibles tout en améliorant la fiabilité des réseaux et en améliorant leur efficacité. Cette économie d'échelle va favoriser l'attractivité et la faisabilité de cet ambitieux projet. Reconnaissant le rôle vital de l'intégration régionale des réseaux électriques, il est encourageant de noter l'engagement croissant des gouvernements africains à adopter de telles stratégies, notamment grâce au rôle des régulateurs de marchés de l'électricité.

6.2.3.La CECA et le développement de l'Afrique

Observons que c'est exactement ce qui s'est produit dans l'Union européenne avec la création du marché unique de l'électricité et du gaz. Ce n'est pas l'endroit pour le démontrer ici mais mettre en commun les ressources pour créer un seul marché de l'énergie, au lieu de 28 marchés nationaux, apporte des avantages géopolitiques, économiques et environnementaux. De plus, l'Histoire de l'Europe repose précisément sur cette mise en commun de l'énergie. L'Union n'est-elle pas la fille de la Communauté européenne du charbon et de l'acier (CECA) que Robert Schuman et Jean Monet avaient appelée de leurs vœux afin de réconcilier et pacifier durablement le continent européen ? Oui, l'énergie peut être soit un instrument de guerre et de division comme ce fut le cas avec les crises pétrolières des années 1970, ou bien au contraire l'élément fédérateur qui apporte la paix et la prospérité[84]. Nous avons démontré cela chez nous. Ainsi, ce que nous avons fait dans l'Union européenne devrait encourager et renforcer la volonté des pays africains à coopérer toujours plus dans le domaine de l'électricité.

Puisque nous avons évoqué Robert Schuman, il convient de rappeler que sa fameuse déclaration de proposition de création de la CECA du 9 mai 1950, une date soigneusement choisie puisqu'elle venait cinq ans et un jour après la fin de la seconde guerre mondiale, contenait une phrase que ce livre ne peut ignorer : « *L'Europe pourra, avec des moyens accrus, poursuivre la réalisation de l'une de ses tâches essentielles : le développement du continent africain* ». Près de deux tiers de siècle après cet acte fondateur de la paix et de la réconciliation du continent européen, cette partie du discours de Robert Schuman n'a pas connu le même succès que le reste de la déclaration. Certes, cette phrase trouvait sa raison d'être parce qu'à l'époque la France – comme d'autres– était une puissance coloniale. Mais qu'avons-nous fait de cette « *tâche essentielle* » ? Est-ce que le succès incommensurable de la paix et de la réconciliation au travers de la mise en commun des instruments qui servaient à faire la guerre à l'époque (le charbon et l'acier) justifie que l'on n'ait pas réussi « *le développement du continent africain* » ? Il me semble que si on avait apporté à l'Afrique la même attention à l'approvisionnement en énergie que nous l'avons fait dans l'UE, elle aurait été un continent qui se serait développé bien plus qu'elle ne l'a fait. Comme c'est étrange, Schuman y avait pensé mais on ne l'a pas mis en œuvre. L'Afrique aujourd'hui est encore sous-développée parce que l'utilisation de l'énergie n'a pas atteint le même niveau que dans l'UE.

6.2.4. Un plan Marshall pour électrifier l'Afrique

Cependant, de plus en plus d'Européens sont encore convaincus de cette nécessité déjà perçue par la CECA. Par exemple, l'ancien ministre français de l'Écologie, Jean-Louis Borloo a présenté en décembre 2015 un plan pour l'électrification de l'Afrique[85], qu'il a qualifié de Plan Marshall, en référence au plan qui après la seconde guerre mondiale avait permis de redresser rapidement l'Allemagne et d'autres pays de la zone européenne non communistes grâce à des aides financières des U.S.A. Le ministre du Développement durable du gouvernement Sarkozy proposait la création d'une agence qui serait dotée de quatre milliards de dollars par an pendant une dizaine d'années.

D'évidence, comme nous, Borloo avait pris conscience des besoins gigantesques en énergie, et d'autant plus que la croissance démographique est au rendez-vous grâce à l'amélioration des conditions sanitaires et d'hygiène. L'homme politique français voyait également là un levier pour la croissance économique pour l'UE. Il estimait que l'électrification complète de l'Afrique conduirait à une croissance supplémentaire dans l'UE de dix à 15 % pendant 15 ans, une aubaine face aux taux bien faibles des dernières années et des prévisions des prochaines années. Ainsi, au-delà de l'aide humanitaire, il s'agissait également d'aider l'UE par une croissance externe.

Au prétexte que les pays européens se sont développés grâce à des entreprises publiques, Borloo a plaidé pour que de l'argent public soit accordé à ce fondement du développement. Nous ne prendrons pas position sur l'origine publique ou privée de ces fonds nécessaires, mais nous pouvons rejoindre Borloo qui a compris que cette somme est dérisoire par rapport aux bénéfices qui vont en être retirés – et j'insiste – avant tout pour les populations africaines. Si son optimisme quant au développement de l'électricité d'origine renouvelable n'est pas dans la ligne du présent essai, l'ancien ministre a très probablement raison lorsqu'il dit que nous disposons des technologies dont l'Afrique a besoin et qu'il s'agit avant tout d'un problème de gouvernance. C'est pourquoi il plaide pour la constitution d'une agence panafricaine ; mais que pourrait-elle faire de plus que le forum FEMA que nous avons présenté succinctement ? Toutefois, puisqu'atteindre la masse critique d'électrification est urgent pour sortir les pays subsahariens de la pauvreté énergétique, une telle initiative est assurément bienvenue.

6.2.5. Les énergies fossiles, planches de salut de l'Afrique

On met la pression sur l'Afrique pour qu'elle « ne commette pas nos erreurs » et qu'elle passe directement à la production d'électricité par les énergies renouvelables sans utiliser celles fossiles ou le nucléaire. C'est à mon sens une grossière fourberie qui induit en erreur à la fois les Européens, ce qui ne serait pas encore trop grave, mais surtout les Africains, ce qui est une faute. Les besoins gigantesques que l'on vient de mentionner afin de permettre qu'à peine moins de la moitié de la population ait un accès à l'électricité exigent irrévocablement des solutions de masse et donc forcément celles qui s'appuient sur les énergies fossiles. Le nucléaire permet certes une production de masse, mais l'investissement à consentir est trop lourd pour ces pays ; si la rentabilité économique est bonne à terme le coût de l'investissement est énorme et prohibitif. Par ailleurs, il faut une dizaine d'années au moins pour construire une centrale nucléaire alors que l'urgence est patente. De plus, les conditions de stabilité politique nécessaires au développement du nucléaire ne sont évidemment pas encore rencontrées. Le nucléaire est donc pour l'instant exclu de facto de l'Afrique subsaharienne. Dire que ce continent dispose de soleil est une vérité mais dire qu'il est riche en charbon l'est également. On y découvre de plus en plus de pétrole et de gaz naturel, cela aussi est une vérité. En effet, un tiers des pays subsahariens sont des producteurs de pétrole. 6,9 % du pétrole produit dans le monde en 2011 provenait de l'Afrique subsaharienne.

Le gaz naturel est pour l'instant uniquement produit de manière significative au Nigéria mais on découvre régulièrement de grandes réserves qui vont changer la politique gazière des pays de ce continent. Depuis 2012, on vit un grand développement dans la production des hydrocarbures dans l'est de l'Afrique. Par exemple, l'entreprise pétrolière et gazière nationale italienne ENI a découvert au large du Mozambique des gisements géants estimés à 2 400 milliards m^3 de gaz. A la surprise générale, le Mozambique, le deuxième pays plus pauvre du monde, est entré dans le club des grands du gaz, car son bassin de Rovuma (Figure 6-6) détient plus des réserves que la Norvège (avec 1 900 milliards m^3), ou le Canada ou encore le Kazakhstan. Toute l'Afrique de l'Est est donc une nouvelle zone très prometteuse pour la production pétrolière et on sait à présent qu'il en est de même pour celle gazière. Comme les découvertes se succèdent, et puisque la prospection est toujours en cours, il est raisonnable de s'attendre à de nouvelles heureuses surprises, d'autant plus que l'Afrique de l'Est est pratiquement un territoire vierge. Les entreprises chinoises, indiennes, malaisiennes ou thaïlandaises sont déjà présentes et actives dans cette zone[86].

C'est pourquoi quelques îlots entre le Mozambique et Madagascar sont en train d'attirer l'attention des compagnies pétrolières. Les eaux autour des quatre Îles Éparses (Figure 6-6) pourraient recéler d'importants gisements d'hydrocarbures en raison de leur proximité avec le bassin de Rovuma. Elles dépendaient de la France mais les Nations Unies ont déclaré en 1979 que ces petites îles appartenaient à Madagascar. Bien entendu la France ne l'entend pas de cette oreille, raison pour laquelle elle maintient en permanence la présence d'un gendarme sur ces pointes de terres émergentes. La transition énergétique française aurait-elle besoin du gaz de cette zone située dans le canal du Mozambique ?

Figure 6-6 Endroits d'intérêt en Afrique de l'Est

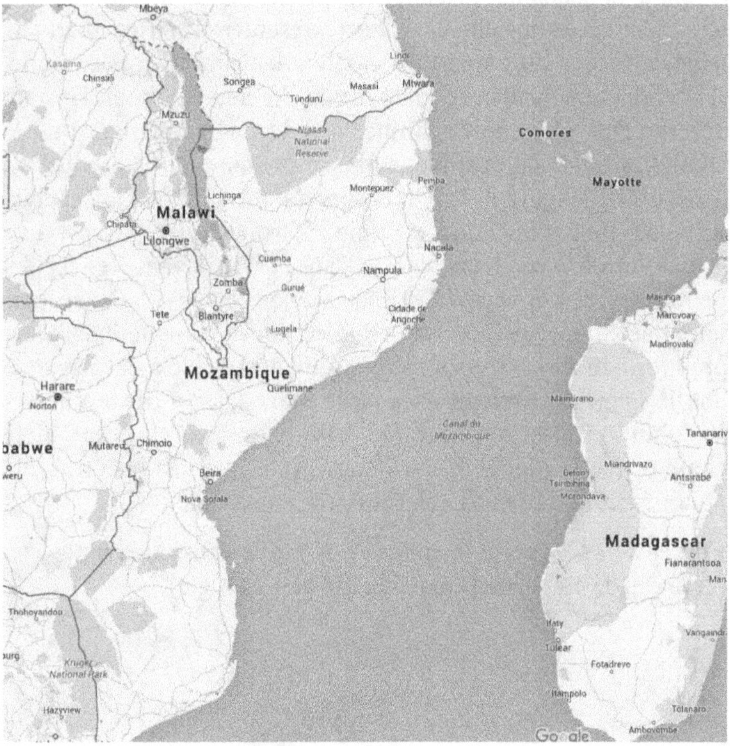

Lors de l'ouverture de la conférence sur le gaz dans le golfe de Guinée du 6 au 8 novembre 2013 qui s'est tenue à Abidjan en Côte d'Ivoire, Adama Toungara, le ministre ivoirien du Pétrole et de l'Énergie a indiqué que « *la recherche d'un gaz abondant et à prix raisonnable est une nécessité vitale pour la Côte d'Ivoire* ». Et elle a précisé que « *le défi que nous entendons relever, c'est de valoriser au mieux ces ressources et faire de la Côte d'Ivoire, un hub énergétique en Afrique* » car son pays dispose d'un potentiel important en matière d'hydrocarbures, raison pour laquelle d'intenses explorations en offshore sont en cours. Comme en Europe, on va enfin voir des centrales en cycle combiné construites rapidement et à faible coût dans nombre de ces pays.

La production d'électricité en Afrique subsaharienne est bien entendu dépendante essentiellement des énergies fossiles car elles sont les moins chères. Elles représentent les trois quarts de la capacité et l'autre quart est essentiellement l'hydroélectricité. La production nucléaire en Afrique du Sud est pour l'instant anecdotique. Comme en Chine, il n'est pas surprenant que le charbon soit le combustible le plus important pour la production d'électricité (Figure 6-7). On observera que 17 % de la capacité installée fonctionne aux produits pétroliers, ce qui est une grosse erreur vu leurs prix. Dans l'UE, avant les crises pétrolières des années 1970, nous avions nous aussi une part importantes de nos centrales électriques fonctionnant aux produits pétroliers. Cela a bien vite été démantelé à la fois parce que le nucléaire arrivait à maturité mais aussi à cause du prix prohibitif. Hélas, en Afrique cela n'est pas le cas et le combustible le plus noble et donc le plus cher est encore brûlé pour générer de l'électricité. C'est très regrettable.

Figure 6-7 Capacité installée en Afrique subsaharienne (données de l'Agence Internationale de l'Energie)[45]

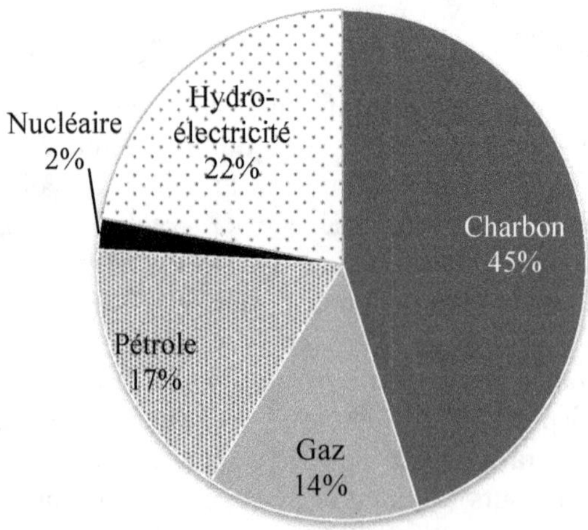

Ainsi, comme la Chine, l'Inde et l'Indonésie, les pays d'Afrique croient que leur futur de la génération d'électricité passe par la combustion du charbon. Ce n'est peut-être pas politiquement correct mais face à la pauvreté, ce genre de propos et d'arguments ne tient pas. On pensait que le charbon était surtout abondant en Afrique du Sud, mais comme toujours avec les ressources d'énergies fossiles, lorsque l'on cherche, on trouve. De nouveau, l'exemple du Mozambique est emblématique.

Le Nigéria est un pays très important pour la production de pétrole et de gaz naturel. Toutefois, il envisage de produire son propre charbon afin de générer de l'électricité propre en utilisant la technologie chinoise, y compris pour le lavage des fumées[a]. Avec moins de 60% de la population du pays ayant accès à l'électricité, le besoin croissant de la demande d'électricité ne se fera pas uniquement au départ de leur gaz naturel. Il est en effet préférable d'exporter du gaz plutôt que le brûler puisqu'il est possible de produire de l'électricité avec le charbon. Le ministre de l'Energie a déclaré en juillet 2016 que « ce n'est pas le gaz seul qui nous permettra d'atteindre l'accroissement de puissance nécessaire »[87]. Actuellement, le Nigéria ne possède pas de centrales au charbon et la production nationale de charbon est négligeable, même si le pays possède des réserves de charbon dans les États de Kogi, Benue et Enugu. Il est prévu que les centrales au charbon représenteront 1 000 MW d'ici 2020. C'est pourquoi des investisseurs chinois leur proposent des projets de centrales au charbon. Par conséquent, non seulement le Nigéria développera la production d'électricité à partir de l'énergie la plus émettrice de gaz à effet de serre, mais, en plus du Nigéria, ce sera l'économie chinoise qui bénéficiera de ce développement.

Dans la province de Tete, la mine de Moatize est une des plus grandes réserves de charbon au monde (23 milliards de tonnes) (Figure 6-6). On peut la comparer aux grandes

---

[a] Toutes les centrales dans un pays digne de ce nom sont équipées de lavage de fumées pour éliminer le SO_2, les NOX et les particules.

découvertes charbonnières du bassin de Bowen en Australie. Toujours en expansion, la mine de Moatize a été inaugurée en 2011 ; depuis 2015, elle produit 22 Mt de charbon par an grâce à un investissement de six milliards de dollars. Ce développement est tellement énorme qu'afin d'évacuer ce charbon vers les marchés internationaux, il a fallu construire un nouveau chemin de fer long de 912 km pour arriver au port de Nacala-a-Velha en passant par le Malawi car le chemin de fer vers le port de Beira (situé plus au sud) ainsi que les infrastructures portuaires par où se fait l'exportation actuelle sont trop limités (6,5 Mt par an). Avec 89 locomotives et 1 862 wagons, 22 millions de tonnes de charbon seront exportées à partir de 2017. Observons que les Pays-Bas, le Danemark et l'Union européenne, pourtant tous très attentifs à la limitation des émissions de CO_2, financent cette ligne de chemin de fer (mais pas la mine). Ce projet charbonnier est réalisé par l'entreprise Vale, un géant minier brésilien. Si nous, nous pensons à offrir aux Africains des panneaux solaires, d'autres préfèrent les aider à exploiter la richesse de leur sous-sol.

6.2.6. Obama pour l'Afrique

Le Président américain a bien compris la difficulté fondamentale dans laquelle se trouve l'Afrique. Devant le Parlement ghanéen, le 11 juillet 2009, dans ce qu'il est convenu d'appeler le « Discours d'Accra », tant il est fondateur d'une vision renouvelée pour l'Afrique, Barak Obama a déclaré que « *l'Afrique n'a pas besoin d'hommes forts, mais d'institutions fortes* »[88]. Les observateurs ont bien compris que cette phrase ne signifiait pas qu'il ne fallait pas d'hommes d'envergure en Afrique mais qu'il convenait de cesser l'autoritarisme pour le remplacer par la démocratie, l'Etat de droit.

Le Président Obama a lancé en juin 2013 depuis Le Cap une initiative intitulée *Power Africa*[89], que l'on peut traduire à la fois comme « Puissance pour l'Afrique » mais aussi « Électricité pour l'Afrique ». Elle vise à accroître la production d'électricité et l'accès aux services énergétiques modernes dans six pays africains à faibles revenus : Liberia, Tanzanie, Kenya, Éthiopie, Nigéria et Ghana. *Power Africa* se déroule en collaboration avec les gouvernements de ces pays, le secteur privé et d'autres partenaires financiers comme la Banque Mondiale et la Banque africaine de Développement dans le but d'ajouter plus de 10 000 MW de capacité de production d'électricité propre et efficace.

Observons que cette initiative se développe au sein de « *The Bureau of Energy Resources* (ENR) »[90], le nouveau service créé au sein du *State Departement*, l'équivalent de nos ministères des relations extérieures. Ce Bureau des ressources énergétiques a pour but de veiller à ce que toutes les relations diplomatiques des États-Unis promeuvent les intérêts de ce pays afin de permettre d'avoir un accès à l'énergie qui soit sécurisé, fiable et de plus en plus propre. Ce Bureau des ressources énergétiques entend gérer la géopolitique de l'énergie d'aujourd'hui en revigorant la diplomatie de l'énergie avec les principaux producteurs et consommateurs. C'est aussi l'occasion pour ce Bureau d'aider à la transformation du marché de l'énergie, en stimulant les forces du marché afin qu'elles soutiennent les transformations en cours de la politique d'énergie en termes d'énergie alternative (entendez surtout gaz et du pétrole de roche-mère), d'électricité, de développement et de reconstruction. Cette agence américaine a pour but d'apporter également plus de transparence dans le domaine de l'énergie et de son accès, ce qui dans le cas qui nous occupe est primordial. Le Bureau explique[90] que cela est indispensable pour assurer une bonne gouvernance, accroître la transparence et améliorer l'accès commercialement viable et respectueux de l'environnement pour les 1,3 milliard de personnes qui ne disposent pas encore d'un accès à l'électricité.

Mais revenons à cette initiative *Power Africa* voulue par le Président Barak Obama. Au travers du développement de réseaux et de mini-réseaux électriques, *Power Africa* ambitionne de donner l'accès à l'électricité à 20 millions de personnes ou commerces. Dans le même temps, *Power Africa* doit renforcer les capacités de gestion des ressources énergétiques, permettant ainsi aux pays partenaires de répondre à leurs besoins énergétiques à long terme.

Pour la première phase de cinq ans, de 2013 à 2018, le gouvernement américain a engagé en faveur *Power Africa* plus de sept milliards de dollars en soutien financier et en garanties de prêts. L'effet de levier est tel que pour chaque dollar investi par l'administration américaine le secteur privé et bancaire apportera aussi un dollar. L'initiative va également coordonner les opérations de 12 agences du gouvernement américain qui s'occupent de l'aide au développement.

Table 6-2 Les besoins en électricité des pays de l'initiative *Power Africa*[a]

Source : Center for Global Development[91]

Pays	Accès à l'électricité	Sans accès Million	Capacité installée (MW)	Capacité nécessaire estimée en 2030 (MW)
Liberia	0,5 %	3,9	200	1 787
Tanzanie	14,8 %	38,3	840	20 362
Kenya	18,1 %	33,5	1 700	16 886
Éthiopie	23,0 %	67,1	2 060	32 828
Nigéria	50,3 %	79,4	5 900	55 296
Ghana	60,5 %	9,6	1 990	6 263

Une étude travail du Center for Global Development [91] estime que si l'on consacre dix milliards de dollars pour la construction de centrales électriques, on pourrait donner l'accès à l'électricité à 90 millions de personnes si les centrales fonctionnent au gaz naturel mais à seulement 20 à 27 millions si elles sont aux énergies renouvelables. Dans le premier cas on pourrait construire 42 000 MW tandis que dans le second ce ne serait que 4 200 MW qui seraient ajoutés au réseau. Les quelques 38 000 MW de différence représentent l'équivalent

[a] Les données peuvent être différentes par rapport à d'autres données car ces évaluations comme on le comprendra aisément ne sont pas facile à obtenir.

d'environ trois fois la capacité installée des pays qui bénéficient de l'initiative *Power Africa.*

6.2.7.L'hydroélectricité, une clé importante du développement de l'Afrique

En République démocratique du Congo (RDC), 84 % de la population n'a pas accès à électricité. Des zones entières du pays en sont dépourvues. Le Congo est pourtant un pays qui regorge de tant de ressources naturelles. Par exemple, Eustache Ouayoro, directeur de la Banque Mondiale en RDC a rapporté sur Radio Okapi en février 2014[92] avoir rencontré des personnes dans la zone entre Macampagne et Kintampo qui lui ont dit que ça faisait 45 ans qu'ils n'avaient plus eu d'électricité, c'est-à-dire depuis pratiquement l'indépendance du pays.

Dans le Congo (Brazzaville)[a], la situation est à peine moins mauvaise puisque 58 % de la population n'a pas accès à l'électricité et 90 % utilise encore la cuisson traditionnelle polluante. Certes, des progrès notables sont en cours avec la construction d'infrastructures énergétiques. Ces dernières années, le président Denis Sassou Nguesso, dans la cadre de son programme social intitulé « Le chemin d'avenir », a pris des mesures pour soutenir la création et le développement des entreprises. Pour cela, il a fallu accroître la puissance électrique installée : celle-ci est passée de 89 MW en 2000 à 591,2 MW en 2012, soit une croissance de 660 %. La longueur du réseau électrique à haute tension est passée de 718 à 1 588 km au cours de la même période. Ceci est révélateur de la bonne santé économique du pays. Afin de poursuivre dans cette voie, le pays a décidé la construction d'une ligne à très haute tension appelée « boulevard énergétique » pour relier Pointe-Noire, au sud, à la partie septentrionale du Congo. Mais l'accès à l'énergie pour la population est encore bien modeste, surtout dans les zones rurales. Cette situation est d'autant plus triste

[a] Officiellement République du Congo.

que le pays regorge de ressources. Que ce soit grâce aux cours d'eau, au pétrole, au gaz naturel, à la biomasse et au soleil, l'énergie primaire abonde. Il faudrait donc développer des infrastructures pour transformer ces énergies primaires en électricité. C'est là la clef du succès du développement de ce pays. Le vent souffle généralement faiblement sous ces latitudes sauf en périodes de bourrasques de sorte que le potentiel éolien est dérisoire face au potentiel classique. Pour ce qui est de la cuisson, le GPL n'est distribué que dans les deux grandes villes du pays, la capitale Brazzaville et Pointe-Noire, qui concentrent la moitié de la population du pays. Le taux de pénétration du gaz en bouteille y représente 60 %.

Dans l'ensemble du continent Africain, l'hydroélectricité présente un potentiel extraordinaire qui devrait être exploité si l'on veut produire plus d'électricité sans avoir recours aux énergies fossiles ou au nucléaire. Le potentiel de production hydroélectrique « au fil de l'eau » - sans grands ouvrages d'art - serait de 445 000 MW, soit l'équivalent de toutes les centrales thermiques de l'Union européenne. Le fleuve Congo à lui seul a un potentiel de 100 000 MW. Il pourrait produire 500 Térawattheures[a] (TWh), l'Éthiopie 160 TWh, le Cameroun 160 TWh et l'Angola 25 TWh. Pour donner un ordre de grandeur, la France produit avec son parc nucléaire 440 TWh. Ceci doit encore une fois nous rassurer sur le potentiel de production d'énergie qu'il y a de par le monde. Comme disait le laboureur de la fable de La Fontaine à ses enfants « c'est le fond qui manque le moins », il faut « prendre de la peine » pour le maîtriser.

L'emblème de ce potentiel d'hydroélectricité est le projet Grand Inga[93]. Dans la République Démocratique du Congo (RDC) on pourrait construire le plus grand barrage au monde, deux fois plus puissant que le barrage chinois des Trois Gorges, le plus grand au monde actuellement. Dans la province du Bas-Congo, à une trentaine de kilomètres de la ville de Matadi, il y a

---

[a] Térawattheure, un milliards de kWh.

déjà deux barrages, Inga I et Inga II (visibles dans le coin supérieur gauche de la vue aérienne de la Figure 6-8).

Figure 6-8 Vue aérienne d'Inga[a]
(photo Prof. Ernest Munda)

Ces projets remontent aux années 1960 et à la construction de la plus longue ligne de transmission au monde de l'époque ; longue de 1 700 km, la connexion de 500 kV entre Inga et Kolwezi permettait d'avoir au cœur de l'Afrique une production extraordinaire de 1 000 MW. Conçu dans les années 1980, le projet du barrage du Grand Inga, sur le fleuve Congo, est longtemps resté lettre morte en raison des troubles politiques qui agitaient le pays. Ce projet pharaonique de 15 km de long sur 205 m de haut permettrait de produire 320 TWh par an, soit dix pour cent de la production d'électricité de l'Union européenne. Le Conseil Mondial de l'Energie continue de se pencher sur ce projet et notamment sur la question de son

[a] Le barrage est visible en haut à gauche

financement[94]. Il estime que le Grand Inga permettrait à 500 millions de personnes d'accéder à l'électricité[a].

Sans la réalisation de ce genre de grands projets, il est illusoire de penser à éradiquer la pauvreté électrique en Afrique. Le Grand Inga produirait bien entendu trop d'électricité pour la RDC et il faudrait donc transmettre une grosse partie de l'électricité produite au-delà des frontières du pays par le biais d'un nouveau système de distribution : une autoroute transcontinentale d'électricité vers l'Egypte au nord, le Nigéria à l'ouest et l'Afrique du Sud au sud. C'est d'ailleurs là une difficulté du projet car il ne peut s'envisager qu'avec une coordination forte entre la RDC et les autres pays qui ont aussi un besoin pressant d'électricité verte. En l'état, on peut se demander pourquoi un projet qui produirait tant d'électricité ne décolle pas. Il est vrai que l'expérience passée dans les projets d'Inga I et Inga II qui avaient été construits dans les années 1960 n'est pas de nature à rassurer les potentiels investisseurs. D'autant plus que, du fait de la piteuse gouvernance, cela n'a pas amélioré ce qui nous préoccupe dans ce travail, à savoir la diminution de la pauvreté électrique et en conséquence l'amélioration des conditions socio-économiques de la RDC.

Mais cela était le passé. Aujourd'hui, les ONG qui s'opposent à ce projet font levier sur les erreurs du passé comme si cela devait obligatoirement se répéter. Il est donc aisé pour eux de dire que les promoteurs du projet de Grand Inga sont des multinationales et des organisations internationales. Pourtant, les autorités du Congo continuent, elles, de croire que ce projet va attirer des investissements tant pour la réalisation des barrages que pour utiliser l'électricité abondante qui y sera produite. Inga est un endroit unique au monde pour produire de l'électricité abondante, bon marché et avec pratiquement pas d'impact sur l'environnement. Grand Inga serait assurément une contribution essentielle au développement socio-économique de l'ensemble de l'Afrique. Mais le problème demeure. Les centres de consommation sont loin et il faut donc

---

[a] Pour un traitement complet voir l'article de François Misser[62].

investir beaucoup en transmissions en sachant que les pertes sur longues distances varient de 15 à 20 %. Qui va financer tout cela ?

Des solutions pointent. Comme par exemple l'annonce du financement par la Banque Mondiale, à hauteur de 1,14 milliard de dollars, de la réhabilitation des turbines des centrales d'Inga existantes, le renforcement des lignes de transport d'électricité et le renouvellement du réseau de distribution à Kinshasa de la Société Nationale d'électricité (SNEL). Ces mesures sont de nature à contribuer à rendre cette entreprise performante, crédible et apte à lever des ressources financières par elle-même.

Du fait que la Chine s'implante fortement dans le continent et qu'elle détient une expérience récente de construction de grands barrages, il ne serait pas étonnant que ce projet ne devienne *chinois*[95]. Or, pour éviter ce scénario, la construction de cette centrale hydro-électrique pourrait se faire grâce à un partenariat public-privé entre d'une part la RDC et d'autre part des bailleurs de fonds (Banque africaine de développement, Banque Mondiale, Banque européenne d'investissement, Banque de développement d'Afrique du Sud, Agence française de développement). Les Européens ayant tant discuté du projet, les activistes verts l'ayant discrédité, les Chinois risquent d'arriver avec leur financement et leur savoir-faire pour le réaliser. *In fine*, qui que ce soit qui le réalise, la construction de ce barrage sera un grand progrès dans l'approvisionnement électrique du continent Africain.

D'autres projets de construction de nouvelles centrales hydroélectriques au Congo sont en cours. Par exemple, le projet du barrage de Katende est réalisé en collaboration avec l'Inde. Evoqué déjà en 1956, le projet d'un barrage hydroélectrique de Katende sur la rivière Luluwa, dans le Kasaï Central, près de la mission catholique de Bunkonde, aura une capacité de 64 MW ; cette centrale électrique est destinée à desservir les deux Provinces du Kasaï en énergie électrique. D'un coût estimé à 280 millions de dollars, il bénéficie d'un financement de 168 millions de dollars apportés par le gouvernement indien et 112 millions par la partie congolaise. En 2011, le président de la République, Joseph Kabila, avait procédé au lancement des travaux, mais quand sera-t-il terminé[96] ?

La RDC, le Rwanda et le Burundi partagent la rivière internationale Ruzizi, qui constitue une frontière naturelle entre eux; elle relie le lac Kivu au lac Tanganyika (Figure 6-9). Le potentiel hydroélectrique de la région des Grands Lacs est très grand, cependant, il est très mal exploité. Durant l'époque coloniale, une centrale hydroélectrique – Ruzizi I de 29.8 MW[a] – a été construite en 1958 par la société belge des forces hydroélectriques de l'est du Congo[97]. En 1989, une nouvelle centrale hydroélectrique, la Ruzizi II, d'une capacité de 49 MW est entrée en service ; elle est le résultat d'une coopération régionale dans le cadre de la Communauté Économique des pays des Grands Lacs (CEPGL) entre les trois pays membres (RDC, Burundi et Rwanda). Un projet d'une troisième centrale de 147 MW (Ruzizi III) est en cours de développement avec le soutien de la Commission européenne [98, 99]. La Banque européenne d'investissement lui a accordé 4,2 millions d'euros en 2008 et 2010 pour des études de faisabilité et 11 millions en 2015 pour l'investissement dans le cadre d'un partenariat public privé. Le potentiel est tel qu'une quatrième centrale (Ruzizi IV) de 287 MW pourrait aussi être construite.

Le projet de Ruzizi III a été un des projets phares lors de la Conférence sur les investissements du secteur privé dans la région des Grands Lacs, qui s'est tenue à Kinshasa le 24 février 2016[100]. Le Secrétaire général de l'ONU a reconnu que « cette conférence constitue une initiative très importante, que le fait d'avoir organisé cette conférence pour attirer des investissements étrangers sera essentiel pour le développement durable de ce pays et de la région, et c'est la raison pour laquelle j'ai participé à cette conférence aujourd'hui »[100]. C'est toute la région qui a besoin d'investissement afin notamment de donner l'accès à l'électricité à toutes les populations.

---

[a] La puissance actuelle est réduite à 21 MW, trois des quatre groupes doivent être réhabilités[99].

Figure 6-9 Carte des centrales hydroélectriques sur la rivière Ruzizi (Source[100])

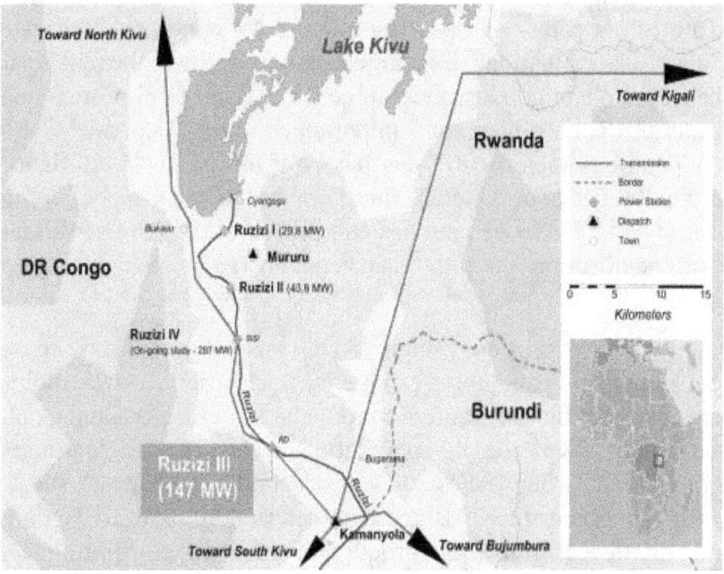

L'exploitation commune du potentiel hydroélectrique de la rivière Ruzizi a survécu aux guerres et tensions entre les pays de la CEPGL, attestant ainsi de l'opportunité qu'offre l'environnement dans la facilitation de la coopération régionale établie par le concept théorique de l'*environmental peacebuilding.* Cette approche prétend qu'une coopération environnementale est de nature à influencer la paix[101]. Développée depuis une vingtaine d'années par plusieurs spécialistes comme Ken Conca, Ali Saleem, Alexander Carius et Geoffrey D. Dabelko, elle prétend qu'elle peut consolider la paix, prévenir, atténuer et résoudre les conflits, encourager la démilitarisation, qu'ils soient ou non causés par des dommages environnementaux. Dans le cas des centrales hydroélectriques sur la Ruzizi, l'interdépendance des pays à cette ressource commune a conduit les trois pays de la CEPGL à institutionnaliser la gestion commune de celle-ci et elle a pu continuer malgré les conflits.

Cependant, la mauvaise gouvernance dans ces pays et les crises financières limitent fortement leur coopération de sorte que l'exemple de la gestion de la Ruzizi n'a pas été suivi d'autres coopérations dans la CEPGL. Au contraire, elle reste dans une situation d'apathie causée principalement par l'absence d'une gouvernance digne de ce nom. Ceci prouve que l'énergie est tellement importante qu'elle permet des coopérations même entre des pays qui ont perdu la confiance mutuelle. On peut conclure que l'*environmental peacebuilding* réussi de la Ruzizi ne peut pas être pris en exemple pour valider la généralisation de cette théorie. L'énergie reste un cas *sui generis*.

Il n'y a pas qu'au Congo (RDC) que l'hydroélectricité se développe, puisque cette production d'électricité est la moins chère à partir d'énergies renouvelables. En Ouganda, où seulement 18 % de la population a accès à l'électricité, Blackstone Group achève la construction d'un barrage sur le cours supérieur du Nil Blanc d'une capacité de 250 MW, dont une partie est entrée en production en 2012 et fournit déjà environ la moitié de l'électricité de l'Ouganda. Selon l'autorité de régulation de l'électricité en Ouganda, le prix de vente de l'électricité produite par ce barrage représente environ le tiers de ce que l'Ouganda payait pour l'électricité issue d'énergies fossiles.

En Éthiopie, la centrale hydroélectrique Gibe 3 sur le fleuve Omo est entrée en fonctionnement en octobre 2015. D'un coût total de 1,6 milliard de dollars, elle a une capacité de 1 870 MW. Les ONG se sont fortement opposées à ce projet en lui trouvant tous les défauts du monde, mais il a été construit parce que les Ethiopiens ont le droit de faire ce que les Français, les Italiens et tant d'autres ont fait massivement au cours du XXème siècle pour le bien commun. L'Éthiopie figure parmi les dix économies les plus dynamiques au monde. Pour cela, il a fallu de l'électricité, de plus en plus d'électricité : entre 2010 et 2015, la demande d'électricité de l'Éthiopie a progressé ainsi à un taux moyen de 25 % par an et la croissance de la prévision de la demande d'électricité jusqu'en 2020 est estimée à 32 % par an. Par conséquent, la centrale Gibe 3 n'est pas du tout suffisante, de sorte que les autorités éthiopiennes ont décidé de construire un projet hydroélectrique beaucoup plus grand, dénommé le « Grand Barrage de la Renaissance Ethiopienne ». Le site du projet se trouve à Guba sur le Nil Bleu à environ 750 km à l'ouest d'Addis-Abeba. La capacité sera de 6 000 MW, ce qui en fera la plus grande centrale hydroélectrique en Afrique qui devrait produire 15,7 TWh par an[a]. Ce projet coûtera près de 12 milliards de dollars. Un barrage principal long de 1 780 m et 145 m de hauteur, plus un barrage en terre de 4 800 m de longueur et 45 m de hauteur formeront un réservoir de 74 milliards de m³ d'eau. Des ONG environnementales ont tenté de répéter l'opposition à Gibe 3, mais elles n'ont pas été en mesure d'arrêter un projet rationnel et qui fournira l'électricité propre dont l'Éthiopie a cruellement besoin. L'Egypte et le Soudan, dont les économies reposent en grande partie sur les eaux du Nil, ont également essayé d'arrêter le projet, mais finalement un compromis a été trouvé également au sujet de l'eau du Nil. Observons que, malgré que l'énergie hydroélectrique soit décarbonée et renouvelable, l'Éthiopie n'a pas obtenu de soutien de la part d'organisations financières internationales, parce que l'hydroélectricité n'est pas politiquement correcte. Le gouvernement éthiopien et l'Ethiopian Electric Power Corporation ont été contraints d'émettre des obligations à taux d'intérêt médiocre. L'appel gouvernemental en faveur du financement du projet a démontré que le pays refusait la soumission aux institutions internationales : « *Tous les Ethiopiens et Éthiopiennes d'origine qui sont engagés et déterminés à favoriser la croissance et le développement de leur Pays- l'Éthiopie, tous ceux qui aimeraient voir une Éthiopie électrifiée et industrialisé [...] sont invités à utiliser leurs économies pour acheter ces obligations* »[102]. La population éthiopienne a accepté de souscrire à cet acte patriotique. On les comprend puisque seulement 27 % de la population a accès à l'électricité.

---

[a] La capacité d'une centrale s'exprime généralement en mégawatts et la production d'électricité d'un pays en terawatts.

Bill Gates ne tarit pourtant pas d'éloges pour ce pays : « *L'Éthiopie a fait beaucoup d'efforts [...] et la production énergétique dans laquelle le pays s'est lancé est extraordinaire. D'ici peu, l'Éthiopie sera un pôle énergétique capable de satisfaire ses propres besoins et d'exporter de l'électricité vers d'autres pays* »[103], n'en déplaise à ceux qui ont refusé de lui avancer l'argent pour la construction d'une centrale à énergie renouvelable.

Le Cameroun investit également dans la génération d'hydroélectricité, car il lui faut encore apporter l'électricité à 46 % de sa population. Par exemple, le barrage de Menchum, dans la région du nord-ouest du Cameroun, aura une capacité de production de 450 MW. Cette infrastructure énergétique va coûter environ 762 millions d'euros. En 2012, le gouvernement camerounais et le groupe britannique Joule Africa ont signé un protocole pour la réalisation des travaux de construction. L'étude d'impact environnemental a été réalisée par China International Water and Electric Corporation (CWE), l'entreprise chinoise qui construit actuellement le barrage-réservoir de Lom Pangar, dans la région de l'Est-Cameroun. De même, l'entreprise chinoise Sinohydro construit le barrage hydroélectrique de Memevé'élé, dans la localité de Nyabizan, située cette fois dans le sud du Cameroun. D'une capacité de production de 201 MW, il coûtera 640 millions d'euros dont 370 apportés par la banque Eximbank of China. Il devrait être livré en 2017. Des barrages plus petits sont également en construction, par exemple le barrage de 30 MW à Lom Pangar au nord-est de Yaoundé sur la rivière Lom.

La Chine agit partout dans le continent africain, avec une démarche purement commerciale : « on vous achète et vous nous achetez ». Elle ne s'embarrasse pas, comme le font les Européens, et en particulier la galaxie des ONG financées par les pouvoirs publics, de considérations sociales ou morales. Elle ne donne pas de leçons, mais engrange les contrats…et les Africains commencent à produire l'électricité dont ils ont cruellement besoin.

Puisque nous avons traité de la production d'électricité à partir de l'eau, profitons-en pour parler très brièvement du « problème de l'eau ». Celui-ci est très souvent avancé comme étant une autre catastrophe qui attend l'humanité impénitente qui ne pense qu'à croître en nombre et en qualité de vie. En effet, lorsque l'on traite la question de la pauvreté énergétique, surgit généralement celle relative au manque d'eau. On n'hésite pas à énoncer une demi-vérité que tout le monde s'approprie comme étant une vérité. Tout comme il ne manque pas d'énergie dans le monde, il ne manque pas d'eau non plus puisqu'environ 70 % de la surface de la Terre est recouverte d'eau. De plus le cycle de l'eau, que tous les enfants ont appris à l'école nous enseigne que la quantité d'eau présente sur la planète est constante. N'oublions jamais que l'eau n'est pas consommée mais utilisée. En paraphrasant Archimède, on peut dire « donnez-moi de l'énergie et je vous donnerai toute l'eau – y compris potable – que vous voudrez ».

Il y a une grande similitude entre le manque d'eau et le manque d'électricité. L'Afrique n'est ni en carence d'énergie ni d'eau, malgré les sécheresses endémiques. Ce sont les infrastructures qui font défaut. Même si la situation est meilleure que pour l'électricité, il y a 330 millions de personnes, soit 36 % de la population, qui n'ont pas accès à l'eau potable en Afrique. Au niveau mondial, la moyenne est de 13 %. Moins de cinq pour cent des terres agricoles sont irriguées, ce qui souligne le grave problème de la production alimentaire.

Dans l'état actuel, les dépenses existantes pour l'approvisionnement en eau ne sont pas suffisantes pour atteindre les Objectifs du Millénaire pour le Développement : le déficit de financement est supérieur à neuf milliards de dollars par an. Selon des chiffres de la Banque africaine de développement, il faudrait que l'Afrique consacre l'équivalent de 11,5 milliards d'euros par an pour créer ou renforcer des infrastructures de distribution et d'assainissement. Pourtant le sous-sol du continent africain recèle 660 000 kilomètres cubes de réserves d'eau, mais pour la faire remonter à la surface, il faut de l'électricité.

Certes, ces eaux souterraines ne sont pas renouvelables, mais est-ce une raison suffisante pour ne pas l'exploiter ? Sur base de quel principe faudrait-il interdire de les utiliser ? Pour la garder pour les générations futures alors que celles présentes souffrent ? Si le principe de précaution, le « principe de salaud » comme l'appelle Jean de Kervasdoué[104], avait été suivi au XIXème siècle il n'y aurait jamais eu d'exploitation du charbon et du pétrole. On en serait resté à un monde préindustriel. C'est sans doute cette nostalgie du passé, où « tout était bien avant » qui pousse certains à interdire aux jeunes africains d'aujourd'hui de disposer d'eau en abondance.

Insistons pour dire que, bien entendu, l'eau est un bien universel. Chacun a le droit de prendre de l'eau dans une rivière ou dans la mer pour son usage personnel. Mais autre chose est d'ouvrir le robinet dans sa maison et d'avoir de l'eau potable et courante. L'eau est un bien universel, mais le service de l'eau est un produit commercial car son prélèvement, sa potabilisation et sa distribution sont des services qui ont un coût. Et cela ne peut donc être gratuit.

6.2.8.L'Afrique du Sud, un cas à part

L'Afrique du Sud est un pays à part en Afrique subsaharienne puisque, bien qu'elle ne constitue que cinq pour cent de la population du continent, elle consomme près de la moitié de l'énergie de l'Afrique subsaharienne. En effet, en 2012, la consommation moyenne par habitant en Afrique du Sud était de 2 675 kg équivalent pétrole alors que la moyenne de l'Afrique subsaharienne n'était que de 694 kg. Durant la période de l'embargo pétrolier, du temps où sévissait l'Apartheid, le pays à court de carburant automobile a dû recourir au même processus que les Allemands pendant la seconde guerre mondiale : produire à partir du charbon, qui est abondant dans ce pays, du carburant synthétique par la technique de liquéfaction du charbon par synthèse de Fischer-Tropsch [105] . A la fin de l'isolation du pays, puisque l'investissement avait été réalisé, il était normal de poursuivre cette production, de sorte qu'aujourd'hui près de 200 000 barils par jour de carburants liquides sont produits par la liquéfaction du charbon, soit environ un tiers du carburant automobile utilisé en Afrique du sud. C'est l'entreprise Sasol (« Sud African Synthetic Oil ») qui le produit et le distribue. Les autorités actuelles sont convaincues qu'il faut poursuivre et renforcer cette voie tant les ressources charbonnières sont importantes. Mais cela n'empêche pas le pays d'explorer le pétrole et le gaz naturel, convaincu qu'il en a d'importantes réserves.

Mais encore une fois, la problématique principale est de distribuer l'électricité jusque dans tous les foyers. Le programme national intégré d'électrification doit s'attaquer à ce problème puisqu'un quart des maisons du pays n'est pas encore électrifié. Grâce à ce programme, 180 000 foyers sont connectés au réseau chaque année. Là où le réseau ne peut arriver, c'est le solaire qui supplée avec 10 000 unités par année installées. Le gouvernement pousse en même temps à l'efficacité énergétique et œuvre à la sensibilisation des consommateurs influençant ainsi également la demande et pas uniquement l'offre. Pour la cuisson des aliments, le pays mise au maximum sur le GPL. Pour l'eau sanitaire, le solaire thermique se développe fortement.

En novembre 2013, Enel Green, une filiale de l'électricien italien ENEL, s'est réjoui dans la presse[106] d'avoir gagné un appel d'offres dans le cadre du troisième appel à projets pour construire en Afrique du Sud, en collaboration avec l'électricien national Eskom, un ensemble de centrales électriques qui n'utiliseront que des énergies renouvelables, des projets solaires pour une capacité de 314 MW et des projets éoliens pour 199 MW[107]. Les quatre projets solaires photovoltaïques (Aurora, Tom Burke, Paleisheweul et Pulida) sont implantés dans les régions de Northern Cape, Western Cape, Free State et dans la région de Limpopo, zones bénéficiant d'un fort ensoleillement. Les deux projets éoliens (Gibson Bay et Cookhouse) seront construits dans l'est de la région du Cap dans des zones extrêmement venteuses. En 2015, ENEL s'est adjugé cinq autres projets éoliens pour un total de 705 MW[108]. En lisant cela, on se dit qu'évidemment cela a un sens, dans un pays aussi ensoleillé.

Malheureusement, là comme ailleurs, ce genre de projet ne peut être réalisé que s'il y a des financements publics, c'est-à-dire uniquement si quelqu'un donne de l'argent à des entrepreneurs pour qu'ils construisent quelque chose qui n'est pas économiquement rentable, au moins dans l'immédiat. En l'occurrence, ces projets font partie d'une série de projets financés dans le cadre d'un programme dénommé REIPPP[a], qui signifie « Programme pour les producteurs indépendants d'énergies renouvelables »[109]. De manière à ce que la production d'électricité soit durable et respectueuse de l'environnement, et ainsi commencer à stimuler l'industrie des énergies renouvelables en Afrique du Sud, il a été décidé de construire des centrales à énergie renouvelable pour 3 725 MW.

Pour le second appel à projets, le soutien financier total s'est élevé à 28 milliards de Rands, soit deux milliards d'euros pour une capacité nette de production de 1 043 MW, soit encore 1,9 million d'euros par MW. Or, le prix dans l'UE est de l'ordre de 1 à 1,2 million d'euros par MW, soit un surcoût de 58 à 90 %. En termes absolus, cela signifie un surcoût de 750 millions à un milliard d'euros. Générosité envers l'Afrique ? Vraiment ? Avec ce type d'aide, n'importe qui construirait n'importe quoi... C'est pourquoi la Directrice générale de l'énergie d'Afrique du Sud, Nelisiwe Magubane, s'est empressée de préciser que le charbon reste le socle de la production d'électricité du pays[110]...

6.3.D'autres avantages de l'électrification

L'Agence internationale de l'Energie a calculé que pour éradiquer la pauvreté énergétique d'ici 2030[111], il faudrait consommer l'équivalent de 167 millions de tonnes de pétrole (Mtep) en plus par rapport à un scénario tendanciel, soit une

[a] Acronyme anglais de « Renewable Energy Independent Power Producers Programme ».

augmentation de seulement 1,1 %. C'est relativement peu et surtout cela ne maintiendrait pas dans les difficultés ces pays où les problèmes d'accès à l'énergie sont endémiques. En effet, selon les modèles, la moitié de ce besoin supplémentaire d'énergie proviendrait des énergies fossiles (97 Mtep), dont environ 0,88 million barils par jour (Mb/j) de GPL qui seront de toutes les façons généralement disponible sur place ou à proximité. L'augmentation de la demande de charbon représenterait 42 Mtep (60 millions de tonnes de charbon) mais celui-ci est largement disponible dans les pays en développement. 31 Mtep proviendraient de la biomasse et des déchets, mais brûlés ou gazéifiés de façon moderne et propre. Les autres énergies renouvelables, principalement le solaire et l'éolien, pourraient apporter le complément de 41 Mtep. Ces scénarios sont indicatifs, car on sait que les énergies renouvelables sont généralement plus onéreuses que les énergies fossiles. Il faudra donc ajuster ces prévisions en fonction de l'évolution de leur coût de production et de dispatching dans le réseau électrique.

Pour ceux qui sont préoccupés par les émissions de CO_2, en 2030, l'Agence internationale de l'énergie précise dans ce rapport que pour apporter l'énergie à tous les hommes occasionnera un supplément d'émissions de 239 millions de tonnes par rapport à un scénario tendanciel, soit seulement une croissance de 0,7 %. Malgré cette augmentation, en 2030, les émissions par habitant dans les pays en développement seraient en moyenne encore moins d'un cinquième de celles des pays de l'OCDE.

Dans le débat sur le changement climatique, on insiste généralement sur les inconvénients – bien qu'ils soient estimés uniquement sur base de modèles mathématiques – mais on ignore ou on feint d'ignorer les avantages qui, eux, sont pourtant bien réels. En effet, le CO_2 dans l'atmosphère est la nourriture de la végétation puisqu'il est une composante essentielle de la photosynthèse. En règle générale, plus de CO_2 a pour résultat une croissance plus forte des arbres et des plantes, ce qui signifie qu'il y aura plus de nourriture pour les personnes et les animaux. Afin de profiter de ce phénomène naturel bien connu, on a même développé des cultures sous serres avec de l'air enrichi de CO_2. Pour la majorité des cultures sous serres, la photosynthèse augmente à mesure que les niveaux de CO_2 augmentent à partir 340 jusqu'à 1 000 parties par million (ppm)[a]. La plupart des cultures montrent qu'un niveau de CO_2 de 1 000 ppm va augmenter la photosynthèse de près de 50 % par rapport aux niveaux de CO_2 dans l'air ambiant. Certains serristes produisent donc expressément du CO_2 en brûlant du gaz et en envoyant les gaz d'échappement, ce gaz à effet de serre… dans leurs serres [112]. Par conséquent, la hausse des émissions de CO_2 contribue à la réduction de la pauvreté en offrant plus de nourriture, ce qui permet d'espérer que ceux qui vivent actuellement en existence marginale verront leurs besoins nutritionnels de base améliorés.

En outre, cette énergie fossile va réduire le recours à la déforestation et va soulager d'autres problèmes environnementaux comme la pollution de l'eau et de l'atmosphère. Oui, l'électrification, le transport et l'industrie consommatrice d'énergies fossiles contribuent à produire, directement et indirectement, plus de nourriture. Bien entendu, d'autres facteurs contrôlent beaucoup plus fortement le rendement que l'absorption du dioxyde de carbone, par exemple, l'eau et les engrais. Mais on est quand même en droit de se demander si ceux qui s'opposent à l'utilisation des énergies fossiles dans les pays en développement n'ont pas en fait un agenda malthusien[b] caché…

Ceux qui sont préoccupés par l'impact qu'aurait la mise à disposition de l'électricité pour les masses pauvres sur la consommation d'énergie devraient également tenir compte que

[a] Actuellement la concentration de CO_2 dans l'atmosphère est proche de 400 ppm.

[b] Cette doctrine a été élaborée par un pasteur écossais, Thomas Malthus, au début du XIXème siècle qui face à la limitation des terres arables alors que la population croissait, préconisant une restriction de la procréation. La peur de la fin des ressources naturelles est utilisée pour restreindre la démographie aujourd'hui.

celle-ci s'accompagne d'une baisse de la natalité et donc à une stabilisation de la demande en énergie. L'évidence est patente dans nos pays, mais on feint de ne pas la voir. Une étude de 2008 réalisée pour la Banque Mondiale [113] dans huit pays indique qu'à l'exception du Nicaragua, dans tous les pays émergents, l'électrification réduirait la natalité (Table 6-3).

Table 6-3 Impact de l'électrification sur le nombre d'enfants par femme[113]

Pays	Avant	Après	Différence
Bangladesh	5,83	5,68	-0,15
Ghana	6,35	5,77	-0,58
Indonésie	4,63	4,26	-0,37
Maroc	6,32	5,67	-0,65
Népal	5,98	5,46	-0,52
Nicaragua	7,35	7,51	0,26
Pérou	6,57	6,45	-0,11
Philippines	5,54	4,63	-0,91
Sénégal	7,42	6,23	-1,19

L'étude rappelle que certains avancent qu'une raison possible est que l'électrification réduit la fréquence des rapports sexuels en augmentant les heures de veille, à la fois parce qu'il y a plus de lumière et parce que la télévision et la radio fournissent une « alternative au sexe » pour les loisirs. Toutefois, les données de l'étude ne corroborent pas ce point de vue. En effet, regarder la télévision affecte seulement de manière significative l'activité sexuelle dans l'un des huit cas, et l'électrification des ménages n'est jamais significative sur ce point. Au contraire, l'électrification augmente indirectement l'activité sexuelle : on observe plus de rapports sexuels car plus de femmes utilisent la contraception moderne grâce à la connaissance apportée en partie par la télévision. Les calculs qui sont faits sur base de cette étude donnent un impact médian de réduction de la fécondité de 0,6 enfant à la suite de l'électrification.

7. FINANCER LA LUTTE CONTRE LA PAUVRETÉ ÉNERGÉTIQUE

Les pays pauvres et l'Afrique méritent singulièrement que les « solutions merveilleuses », car le Pays d'Alice, dans le domaine de l'énergie, n'existe tout simplement pas non plus[4]. Si c'était possible, cela se saurait depuis longtemps, car il y a plus de quarante ans que nous nous débattons dans les difficultés énergétiques. Se donner bonne conscience en fustigeant « les autres » qui sont coupables est une méthode qui a échoué. Il est plus que temps de l'abandonner car il n'y a pas d'un côté « les bons » et de l'autre « les méchants ». Si c'était aussi simple depuis tant d'années que ce problème est connu, les solutions auraient été trouvées et l'électricité pour tous aurait été une réalité.

7.1.D'abord la bonne gouvernance

Lorsque nous avons mentionné le projet de barrage hydroélectrique de Grand Katende en RDC, nous avons évoqué les retards pris par ce projet. Une des multiples raisons est qu'une entreprise sud-africaine, Klaxon Power, à laquelle le

Gouvernement central de la RDC avait confié l'exécution du projet ainsi que la construction d'un autre barrage à Kakobola, dans le Bandundu, s'est volatilisée dans la nature avec l'argent de la joint-venture ad hoc qui avait été créé, la Codesko, et avec les quatre autres millions de dollars que lui avait également versés le Gouvernement central[114]. Ce n'est qu'un des multiples exemples de malversations, fraudes et autres entourloupes. C'est d'autant plus facile que les installations d'énergies renouvelables ont besoin de financements publics du fait de leur manque d'économicité. Et là où il y argent public, l'Histoire de l'Afrique montre- hélas - qu'il y a trop souvent fraude et corruption.

Comme toujours, il faut commencer par la bonne gouvernance. L'expérience des cinquante dernières années a malheureusement montré que ce fondement a fait trop souvent défaut et que donc il est impossible d'inverser la pauvreté si on ne change pas la méthode de gouvernance qui a prévalu jusqu'à aujourd'hui. On a trop tendance à culpabiliser les anciens colonisateurs comme si la responsabilité première de l'échec de la décolonisation leur imputait, alors qu'elle revient avant tout aux dirigeants africains qui, pendant des décennies, n'ont pas pensé au bien commun. Bien entendu, ils n'ont pas été suffisamment repris par les dirigeants occidentaux qui visaient aussi à limiter l'influence du communisme soviétique dans ces pays. Ceux-ci étaient plus riches en ressources que l'Europe et il n'y avait aucune raison de penser qu'ils seraient restés aussi longtemps en retard en matière de développement. Nous avons tous en tête ces images de dirigeants corrompus qui se sont servis eux et leurs proches au lieu de penser d'abord au bien des personnes qui les avaient élus ou qu'ils dirigeaient après un coup d'Etat.

La bonne gouvernance commence par l'obligation de rendre des comptes, pour les dirigeants politiques et les administrations publiques, quant à leur gestion et leurs actions afin de vérifier qu'elles soient bien conformes à des objectifs précis et convenus par avance. Cela implique également la transparence, afin que les actes, les choix des élus et des administrations publiques puissent faire l'objet d'un examen par d'autres secteurs de l'administration, du Parlement, de la société civile et parfois d'institutions et d'autorités extérieures, surtout lorsque des aides financières internationales sont en jeu. Le temps où on « donnait de l'argent » sans devoir en rendre compte est heureusement définitivement révolu, même si- hélas- la corruption est encore présente. La pauvreté énergétique ne sera pas éradiquée si les administrations publiques n'ont pas comme objectif l'efficacité et la transparence dans les services rendus aux citoyens. Les autorités publiques doivent ensuite être réceptives à l'évolution de la société, de manière à tenir compte des attentes légitimes et raisonnables de la société civile pour l'intérêt général ; elles doivent donc être en mesure d'anticiper les problèmes qui se poseront à la lumière des changements démographiques et économiques prévisibles.

La clef de voûte de tout cela est le respect inconditionnel de l'état de droit ; sans primauté du Droit, sans autorités publiques qui fassent appliquer les lois, la réglementation et les normes en toute égalité et en toute transparence, la pauvreté et en l'occurrence la pauvreté énergétique ne pourront pas être éradiquées. La bonne gouvernance va créer un climat de confiance, seule propice à attirer les investissements conséquents nécessaires. Si la croissance inclusive commence par l'accès de l'énergie aux communautés les plus défavorisées et éloignées, elle ne pourra faire qu'illusion s'il n'y a pas simultanément un état de droit digne de ce nom.

7.2.Le besoin d'investissements

Si l'Afrique subsaharienne désire atteindre son objectif très ambitieux, qui pourtant ne vise qu'à donner l'accès à l'électricité à la moitié de la population, il faudra attirer plus d'acteurs dans le marché de la génération d'électricité. Des entreprises locales, y compris les micro-entreprises, ont joué un rôle actif – comme la commercialisation des produits pétroliers et notamment du GPL - depuis de nombreuses années dans des entreprises de faibles envergures. Les entrepreneurs locaux ont également fourni des services de production d'électricité pendant un certain temps, mais à une échelle plus limitée. A présent, devant le défi énorme que représente le secteur électrique, il va falloir changer radicalement l'ampleur de l'ouvrage. Si les États mettaient en place les conditions pour qu'une bonne gouvernance soit assurée, alors les grands groupes industriels européens pourraient aller investir dans cette voie d'avenir. S'ils ne le font pas, ce seront les groupes internationaux et singulièrement chinois qui le feront. A cet égard il est d'ailleurs peut-être déjà trop tard...

La pauvreté énergétique ne pourra pas être vaincue si l'accès au financement dans les pays qui en souffrent n'est pas facilité. Comme toujours, l'argent est l'élément nécessaire même s'il n'est pas suffisant. En 2009, 9,1 milliards de dollars ont été investis dans le monde pour permettre l'accès à l'électricité à environ 20 millions de personnes supplémentaires ; sept millions de personnes ont pu enfin disposer d'une cuisinière plus moderne, même si c'est encore pour y brûler de la biomasse. Cette somme a été investie par des organisations internationales (34 %), des gouvernements nationaux (30 %), des investisseurs privés (22 %) et aussi par de l'aide bilatérale (14 %).

La combinaison de fonds publics et privés est de nature à faciliter l'émergence de projets qui sont « *bancables* »[a]. En effet, les finances publiques, qu'elles soient nationales ou en provenance des états tiers donateurs, ne peuvent être suffisantes devant l'ampleur des financements nécessaires. Les ONG caritatives, pour généreuses et altruistes qu'elles soient, sont encore moins bien dotées financièrement. Les projets louables qu'elles réalisent sont parfois des exemples intéressants, mais on est loin de la diffusion de masse urgemment nécessaire. Les ONG ne sont en mesure que de financer des petits projets. Quant à l'industrie privée, si elle ne retire pas de bénéfices, elle

---

[a] Ce qui signifie que les banques ont suffisamment confiance que pour accorder les crédits nécessaires à l'investissement.

ne fera que de l'aide humanitaire, du *greenwashing*[a] et tout méritoire que cela soit, c'est là aussi nettement insuffisant.

On le voit, il faut coaliser les intérêts complémentaires des politiques nationales, de la générosité humaine et du marché afin de mettre en mouvement des financements lourds mais nécessaires. L'un sans l'autre risque de générer des exemples qui ne resteront que tels. Tout cela doit s'appuyer sur des banques de développement multilatérales qui apportent le financement accompagné d'un contrôle strict de la bonne gouvernance.

7.3. Le financement par BOOT

Un certain nombre d'organismes de financement privés et/ou publics tentent de financer des projets d'infrastructures en Afrique subsaharienne, notamment d'électricité. Parmi ces organismes de financement, signalons la Fondation BRIDGIN[115], basée à Bruxelles, qui depuis plus d'une décennie étudie les conditions de développement durable du continent africain et travaille sur les problématiques du financement des projets de grande taille (à partir d'un milliard de dollars). BRIDGIN en est arrivée à proposer une solution qui se veut être une alternative aux situations bloquantes pour la diffusion de l'électricité en Afrique que rencontrent les acteurs du secteur. Afin de résoudre le sempiternel problème post indépendance des pays africains, celui de la gouvernance et des rapports nord-sud en matière d'affaires politico-économiques, la Fondation propose la solution du *Build-Own-Operate-Transfer*[b] (BOOT) distincte de la solution classique du *Build-Operate-Transfer* (BOT)[c]. Le mode de financement des projets BOOT doit se

[a] Faire croire qu'il s'agit d'une activité qui vise à protéger l'environnement alors qu'il s'agit d'abord de se donner une image de protecteur de l'environnement.

[b] Construire-posséder-opérer-transférer

[c] Construire-opérer-transférer

soumettre à certaines exigences légales occidentales, en particulier les lois européennes et états-uniennes sur le contreterrorisme, les Accor de Bâle III[a] et autres.

Pour accéder à l'énergie électrique abondante et bon marché – et non pas celle chère et intermittente d'origine solaire et autres renouvelables – l'Afrique a besoin de centrales électriques qu'elle ne peut pas construire car elle ne possède ni la technologie, ni les compétences, ni le financement. Or, les multinationales qui sont à ce jour capables de construire de telles infrastructures exigent tout naturellement toutes d'être payées, le profit étant le but de leurs activités. Cela requiert de facto un financement massif en milliard de dollars et au mieux, une garantie du montant du financement par la Banque Mondiale ou des institutions similaires. Or, les garanties que ces institutions garantes peuvent apporter par pays d'Afrique, tous projets confondus (eau, énergie, agricultures, hôpitaux, routes, enseignements, etc.) sont fixées à quelques centaines de millions de dollars; par exemple, les projets réalisés au Ghana ont reçu 3,23 millions de dollars en 2015 et 342 millions en 2016[116]. Si toutes les entreprises se ruent sur cette enveloppe, et c'est ce qu'elles font, on comprend aisément que l'Afrique, déjà surendettée, n'aura jamais l'électricité qui lui permettra de se développer. Même les Chinois exigent d'autres modes de garanties que l'Afrique ne saurait fournir. De plus, lorsqu'un pays parvient à monter une solution financière, se pose le problème de l'approvisionnement en énergie primaire. A supposer qu'il faille installer une solution au gaz naturel, il faut pour cela produire ou acheminer ce gaz, ce qui requiert là aussi un investissement de l'ordre du milliard ou plus et le blocage s'accroît. L'Afrique, qui n'a pas de garanties à offrir, demeure sans électricité, et tous les acteurs en présence sortent perdants de cette situation.

---

[a] Les accords de Bâle III sont des suggestions pour de nouvelles réglementations du secteur bancaire international ; la principale mesure est l'obligation pour les banques de disposer de fonds propres en quantité et qualité suffisantes.

Si toutefois les pays africains et/ou des entreprises internationales réussissent à produire les kWh qu'ils distribuent, la société nationale d'électricité ne paye pas toujours les factures, sans compter les fraudes (ponctions) sur les lignes électriques. C'est ainsi que de nombreux pays ont des arriérés de factures d'électricité colossaux.

Au contraire, le montage BOOT encourage les entreprises privées à investir. En effet, celles-ci gardent la totale maitrise de la centrale, le montage injecte de l'argent privé dans le circuit économique du pays hôte, apporte du travail et du savoir-faire, assure que le projet sera réalisé dans les temps et selon les règle de l'art et surtout le pays hôte peut bénéficier d'électricité sans avoir investi ses maigres ressources (Figure 7-1).

Figure 7-1 Principe du BOOT

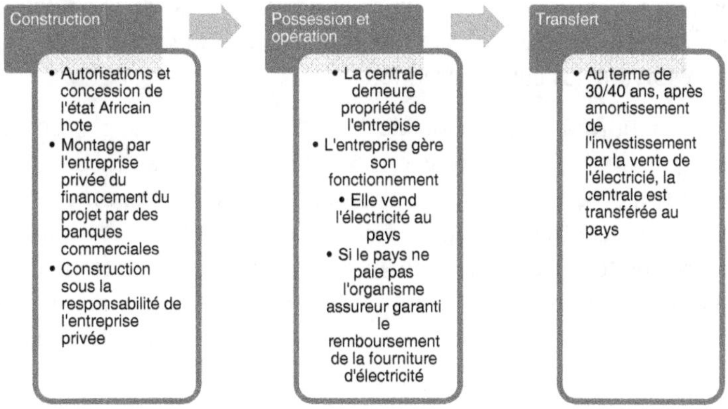

Le montage BOOT apporte la réponse à ces problèmes tout en opérant une inversion où les acteurs initialement perdants se retrouvent dans une approche vertueuse sur un mode "gagnant-gagnant" qui se veut prospère. En construisant des centrales et en restant propriétaires de ces centrales, les entreprises veillent à leur bon fonctionnement en sauvegardant l'outil ce qui, sans une telle approche – il faut hélas le constater comme nous l'avons vu par exemple avec la centrale d'Inga (voir 6.2.7) –, n'est pas toujours le cas. A ce stade de son développement, l'Afrique a besoin de kWh et non pas de centrales électriques. Ceci résout *de facto* pratiquement l'ensemble des problèmes dans le déploiement de l'électricité en Afrique décrits plus haut. La fondation BRIDGIN estime qu'il faut laisser des entreprises internationales construire et gérer les centrales et vendre l'électricité générée. A ce moment-là, des organismes internationaux d'aide – comme la Banque Mondiale – sont en mesure de garantir non pas le remboursement de la construction mais la fourniture d'électricité.

Cela permet à la fois aux pays du sud en demande d'électricité, aux entreprises locales et occidentales en quête de performance et de croissance, aux financiers et institutions internationales à faire un usage optimal de ces subsides, et enfin, les nations africaines et ses enfants qui, espérons-le, recouvreront leur dignité en allant de moins en moins mourir en masse dans l'exode en Occident. Celui-ci, et l'Europe en particulier, au lieu de résoudre les symptômes d'une situation qu'ils qualifient de mal, devraient remonter à la racine de ce mal en résolvant ses causes premières.

Répondre à la question de l'électricité ne résout pas toutes les questions de pauvreté en Afrique, mais c'est le point de départ. L'eau, les raffineries, les cimenteries, routes, universités et autres centres de formation, pour ne citer que ceux-là, devraient tous bénéficier de la même attention, espérant ainsi que l'Afrique sera au point initial d'une sollicitude positive retrouvée, dans un monde en constante évolution vers on ne sait où.

7.4.Le fléau des subventions

Cela a commencé très tôt dans l’histoire de l’énergie. Les pouvoirs publics, conscients de l'importance stratégique de l'énergie et en particulier de l'électricité, sont constamment intervenus dans l'un ou l’autre domaine de l’énergie en accordant toute sorte de subventions de manière à faciliter, voire orienter, leurs choix politiques, économiques, sociaux, technologiques ou géopolitiques. Depuis deux décennies, ils font cela aussi pour influencer leur politique environnementale.

Lorsqu'au début des années 1960, le traité Euratom a permis de lancer les programmes nucléaires civils en Europe de manière à fournir l'électricité dont les États membres auraient eu besoin à terme, la recherche et développement de la filière nucléaire ont bénéficié de financements publics. Cette vérité est constamment mise en avant par ceux qui prônent les énergies renouvelables et qui voudraient que l'on finance aujourd'hui non pas seulement la recherche et développement (car cela on le fait depuis 1978) mais aussi leur utilisation. Certains exigent que les aides compensent non seulement les coûts externes (c'est-à-dire les coûts cachés comme par exemple le coût de l'impact de la pollution), mais aussi que l'on accorde « un coup de pouce » pour encourager, pour inciter leur déploiement. Mais le monde n'est plus celui des années 1960 et dans un monde globalisé on ne devrait plus rien financer – ni nucléaire, ni charbon, ni hydrocarbures, ni renouvelables – de manière à ne pas distordre la concurrence.

Dans nombres d'États membres de l'Union européenne (France, Belgique, Royaume-Uni, Italie, Espagne, etc.), des subventions publiques ont été accordées pendant des années pour maintenir la production de houille car le charbon importé était nettement moins cher que celui produit dans l'Union européenne à cause d'une géologie moins généreuse qu'ailleurs dans le monde et qui rend la production trop onéreuse. Les manifestations des mineurs espagnols en 2012 qui s'étaient auto-séquestrés au fond d'une mine dans la région de León étaient dues au fait que, dans le cadre de la politique de concurrence de l'Union européenne, ce genre de subventions publiques ne peut plus être accordé. C'est pourquoi de nombreux charbonnages européens ont fermé les uns après les autres, y compris totalement dans certains États membres, car il n'était pas possible de continuer à subventionner une production constamment déficitaire et qui de toutes les façons serait resté pour toujours non rentable par le fait même de la géologie des gisements.

Un autre exemple est celui du carburant automobile : afin de soutenir la filière diesel/gazole, la France, la Belgique et d'autres États ont décidé de moins fiscaliser ce carburant par rapport à l'essence super. L'exemple le plus visible actuellement dans l'Union européenne est la variété de soutiens qui est accordée par les États membres à la production d'énergie électrique à partir d'énergies renouvelables ; il en est de même pour la production des biocarburants [a]. Ces subventions, si elles sont bien conçues et accordées à des technologies proches de la maturité, peuvent favoriser l'émergence d'un marché et du coup apporter à long terme des avantages économiques et environnementaux. Cependant, il faut que ces subventions ne soient pas pérennes mais au contraire dégressives dans le temps. Il ne peut y avoir ni développement durable ni encore moins développement tout court en se basant sur des subventions « durables », c'est-à-dire qui durent dans le temps. Ceci est vrai tant pour les pays riches que pour les pays pauvres.

L'Agence Internationale de l'Energie a annoncé qu'en 2010 les subventions aux énergies renouvelables n'étaient que de 66 milliards de dollars tandis que celles pour les combustibles fossiles s'élevaient à 409 milliards de dollars[b,117]. Les ONG environnementales se sont emparées avec empressement de cette comparaison et ne cessent de proclamer que les énergies renouvelables ne sont pas encore compétitives, précisément à cause du soutien accordé aux énergies fossiles, comme le démontre la différence entre de ces deux chiffres. Cette contre-vérité est devenue une litanie. Mais encore une fois il s'agit d'un stratagème qui, s'il peut tromper le public non averti, n'en est pas moins fallacieux. On ne peut pas prétendre que c'est à cause des subventions aux énergies fossiles qu'il n'est pas

---

[a] Nous n'avons pas abordé dans cet essai la délicate question de l'utilisation de ressources alimentaires pour en produire des biocarburants.

[b] En 2014 les subsides aux énergies fossiles étaient de 493 milliards de dollars mais étrangement dans son document l'IEA ne donne plus les subsides pour les énergies renouvelables.

possible de développer les énergies renouvelables. En effet, dans les pays de l'Union européenne, les subventions aux énergies fossiles sont interdites, sauf comme on vient de le dire, pour poursuivre la fermeture des charbonnages afin d'éviter des drames sociaux trop brusques. De toute façon ces subventions ne servent qu'à compenser le prix du charbon international. En d'autres termes, les subventions au charbon européen ne modifient pas le prix du charbon international, c'est l'inverse !

On estime que dans les pays de l'OCDE, entre 2005 et 2010, les aides aux énergies fossiles se sont montées entre 45 et 75 milliards de dollars, dont la plus grosse part concerne précisément la fermeture des mines de houille dans l'Union européenne. Mais c'est aussi en Europe qu'a été accordée la plus grande partie des 66 milliards de dollars par an pour les énergies renouvelables. On voit donc bien qu'il y a une grande dissimilitude entre ce qui est accordé pour les énergies fossiles et les énergies renouvelables.

Figure 7-2 Taux de subventions aux énergies fossiles par rapport au coût total
(Source: Agence internationale de l'Energie)[118]

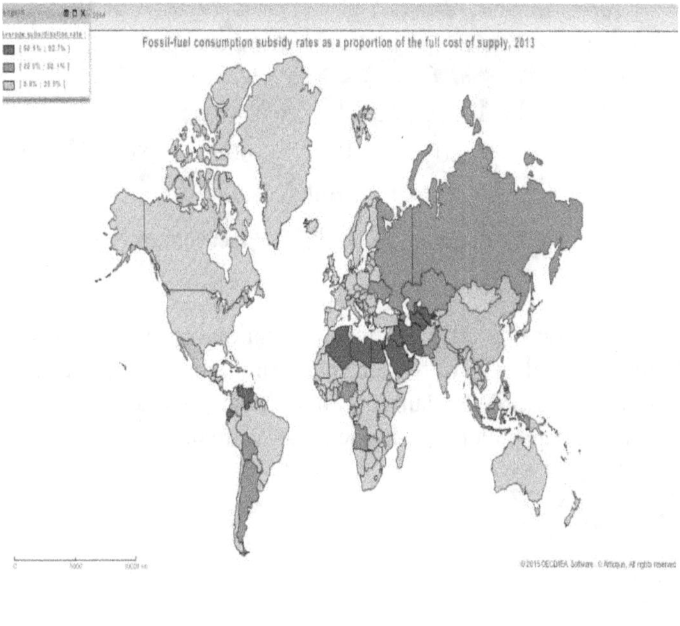

La Figure 7-2 fournie par l'Agence Internationale de l'Energie montre bien que les pays pétroliers du Moyen-Orient, d'Afrique du Nord, la Chine et la Russie sont les pays qui subventionnent réellement les énergies fossiles. Cela n'a strictement rien à voir les énergies renouvelables: il s'agit simplement d'un choix politique des dirigeants de ces pays afin de maitriser le prix de l'énergie de manière à permettre que la population ne paye pas le vrai coût et singulièrement le vrai coût du carburant automobile.

Figure 7-3 Les dix premiers pays qui donnent le plus de subventions aux énergies
(Source: Agence internationale de l'Energie[79])

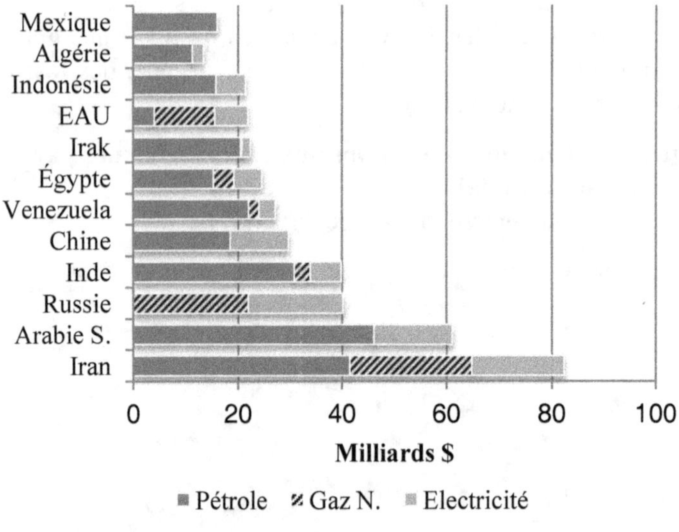

Si on examine à présent la situation en valeur absolue (Figure 7-3), il apparaît clairement que c'est l'Iran qui est le champion mondial des subventions. Avec plus de 82 milliards de dollars, ce pays subventionne massivement sa consommation en produits pétroliers[a] mais aussi en gaz et en électricité. On observera que l'Iran soutient fortement le gaz par rapport aux autres pays (à l'exception de la Russie): comme ce pays ne parvient pas à produire suffisamment d'essence par manque de raffineries, il privilégie l'utilisation de gaz naturel dans le transport. Avec plus de trois millions de véhicules, 20 % de ceux-ci sont alimentées au méthane. L'Arabie Saoudite, son rival géopolitique, lui ressemble pour les aides à la consommation de produits pétroliers et d'électricité ; mais comme il n'y a pas d'usage de gaz naturel en Arabie Saoudite, il n'y a donc pas d'assistance financière à sa consommation. En Russie par contre, les consommations tant de gaz naturel que d'électricité sont largement subsidiées; en fait une grande partie du coût du gaz naturel que les Russes consomment est payé par le prix élevé que payent les consommateurs européens de gaz naturel russe. On soulignera également le soutien massif que le Mexique apporte à la consommation de produits pétroliers.

Il ressort clairement de la Table 7-1 que les subsides les plus importants sont accordés aux consommations des carburants automobiles (essence et gasoil). Parmi les plus de 523 milliards de dollars accordés par an aux énergies fossiles, 54 % le sont en faveur des carburants pour le transport (Figure 7-4). Cela est simplement dû au fait que le prix du baril de pétrole est devenu si élevé que les gouvernements des pays émergents se sentent obligés d'intervenir afin que leur population puisse payer le carburant automobile, car le transport est indispensable à l'activité économique. L'Agence Internationale de l'Energie estime que, sans une réforme de ces mécanismes d'aides financières au carburant automobile, le soutien aux énergies fossiles atteindra au niveau mondial la somme de 660 milliards de dollars en 2020.

a Les graphiques portent la mention « pétrole » par soucis de simplicité et ne pas surcharger les figures mais il s'agit bien de produits pétroliers (essentiellement essence et gasoil).

Table 7-1 Les dix premiers pays qui donnent le plus de subventions pour l'électricité, le gaz naturel et les produits pétroliers
(Source: Agence internationale de l'Energie)[118]

Electricité		Gaz naturel		Essence et gasoil	
Russie	18.28	Iran	23.40	Arabie S	46.12
Iran	17.40	Russie	21.87	Iran	41.39
Arabie S	14.82	EAU	11.52	Inde	30.86
China	11.21	Ouzbékistan	9.09	Venezuela	21.97
EAU[a]	6.37	Ukraine	6.68	Iraq	20.35
Inde	5.81	Pakistan	5.54	China	18.45
Thaïlande	5.67	Turkménistan	4.36	Mexico	15.90
Indonésie	5.56	Egypte	3.78	Indonésie	15.72
Egypte	5.42	Argentina	3.76	Egypte	15.27
Kuwait	4.68	Inde	3.03	Algérie	11.26

Figure 7-4 Répartition des subventions selon l'Agence Internationale de l'Energie
(données de 2011, source [118])

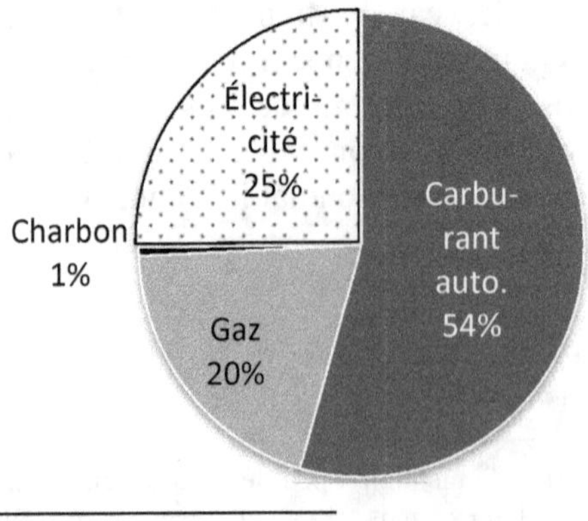

[a] Emirats arabes unis.

Par exemple, en 2013, la Tunisie a consacré 17 % du budget de l'Etat aux subventions pour les consommations d'énergie[119]. Elles s'élevaient à 5,3 milliards de dinars (2,3 milliards d'euros) dont 41 % pour les produits pétroliers, 16 % pour le gaz naturel et 41 % pour l'électricité[120]. La Banque Mondiale a établi un rapport détaillé sur cette situation tunisienne intenable pour le pays[121]. Cet organisme a recommandé à la Tunisie de procéder à une réforme « complète et urgente, dans la mesure où le système actuel est insoutenable sur le plan budgétaire, inéquitable d'un point de vue social et inefficient sur le plan économique »[119].

Selon ce rapport les subventions énergétiques ont atteint 4,7 % du PIB ; comme élément de comparaison, observons que le déficit public est de 5,1 %. La moitié des subventions a été allouée à l'électricité et l'autre moitié aux carburants (23 % au diesel, 15 % au GPL, six pour cent à l'essence, et cinq pour cent au fuel lourd). La Banque Mondiale a souligné, chiffres à l'appui, que ces aides ne sont pas équitables car les ménages avec les revenus les plus bas en bénéficient le moins. Le ministre de l'Industrie, de l'Energie et des Mines de l'époque, Kamel Ben Nacer, a dû reconnaitre que les subventions en faveur de l'énergie ont atteint sept fois l'équivalent des investissements publics réalisés en une année. C'était en effet intenable.

En novembre 2011, dans sa déclaration finale, le G20 qui s'est tenu à Cannes a déclaré dans le point 20 que *« nous réaffirmons notre engagement en faveur de la rationalisation et de l'abandon progressif à moyen terme des subventions inefficaces aux énergies fossiles qui encouragent la surconsommation, tout en apportant aux plus pauvres un soutien ciblé »*[122]. Mais dans ce domaine aussi, il est plus facile de prêcher que d'agir. Alors que la Corée du Sud fait partie du G20, le jour même où cette déclaration était annoncée à Cannes, elle a décidé de subventionner le carburant automobile afin de réduire son prix de vente. On croit rêver !

En Bolivie, les subventions accordées au carburant par le gouvernement sont telles que l'essence est nettement moins chère que dans les pays voisins. En essayant d'appliquer un minimum de bon sens, le président Evo Morales a tenté de réduire les subventions car un marché noir organisé et florissant s'était instauré avec les pays limitrophes. Ses électeurs n'ont pas accepté l'augmentation de prix, d'autant plus que, lors des élections présidentielles, il avait promis d'instaurer la justice sociale. Des émeutes en fin 2010 ont eu raison de l'opération, pourtant rationnelle, et l'adorateur de la Déesse Terre a dû maintenir les subventions pour que les Boliviens puissent continuer à consommer de l'essence. « Nous avons décidé, en obéissance au peuple, d'abroger le décret 748 ainsi que les autres décrets qui accompagnaient cette mesure » a dû déclarer Morales[123]. En janvier 2012, le même scénario s'est déroulé au Nigéria, la population s'opposant au doublement du prix de l'essence.

La palme en la matière revient sans doute au Venezuela qui a été confronté à l'impossibilité de maintenir les subventions généreuses que les Présidents Hugo Chavez et Nicolás Maduro ont accordées en application de leur programme socialiste. En février 2016, le président du Venezuela a dû augmenter le prix de l'essence et en même temps dévaluer le taux de change officiel, ce qui a eu pour effet de multiplier par soixante le prix de l'essence[124]. Mais il faut mettre cette augmentation en perspective : avec l'équivalent d'un dollar américain, les Vénézuéliens peuvent se payer 170 litres d'essence. Au Venezuela remplir le réservoir d'une voiture normale coûte autant qu'un café.

Après le carburant automobile, c'est l'achat d'électricité qui est le plus subventionné dans le monde, représentant 25 % de toutes les aides publiques (Table 7-1). Le charbon ne reçoit que 1 % de celles-ci, preuve en est que ce combustible est bon marché et qu'il n'a pas besoin d'aides gouvernementales. Seuls le Kazakhstan, la Chine et la Thaïlande le subventionnent[a].

[a] Dans la Figure 7-2 le soutien au charbon par la Chine n'a pas été rapporté car il est à peine visible dans le graphique.

Subventionner la consommation d'énergie, que ce soit l'électricité, le gasoil de chauffage ou le carburant automobile, en intervenant sur le prix de vente, bénéficie sans doute à tous les consommateurs sans distinction, mais en fait pénalise fortement les pauvres par rapport aux plus nantis, tout en favorisant les escrocs qui surgissent dès que des subventions sont annoncées[a]. En effet, si le prix unitaire de l'énergie est réduit de manière uniforme pour tous, le résultat est tout simplement inique puisque ceux qui consomment plus en bénéficieront plus. L'Agence internationale de l'Energie estime que seulement huit pour cent des aides aux énergies fossiles bénéficient aux plus pauvres. S'il faut aider les pauvres qui ne peuvent se payer le luxe que devient l'énergie, il convient de le faire avec des mécanismes propres à leur situation et non pas par une intervention de l'autorité publique sur le prix de vente unitaire. Sans un ciblage précis, les subventions à la consommation des combustibles fossiles ou à l'électricité qu'elle soit verte ou non sont souvent inefficaces si le but est réellement d'aider les pauvres dans leur accès à l'énergie. C'est donc avec des mesures exclusivement sociales qu'il faudrait intervenir et non pas avec des mesures de politique énergétique.

En fait, c'est là un des grands problèmes de la politique énergétique dans presque tous les pays : elle est utilisée pour d'autres fins. S'il est légitime pour une autorité de se soucier de protection de l'environnement, de relance économique, de soutien aux plus démunis, cela devrait être mis en œuvre avec des politiques et des mesures propres à ces politiques et non pas au travers de politiques énergétiques et de subventions qui ne font que fausser le marché.

---

[a] Donnons deux exemples pour illustrer cette affirmation. On a découvert en Italie que des panneaux photovoltaïques « produisaient » la nuit. Dans les Asturies puisque le charbon était subventionné à la tonne produite on a découvert par examen microscopique sur les macéraux que des houillères importaient du charbon de l'étranger et le déclaraient comme provenant de leur mine.

7.4. L'UE finance la lutte contre la pauvreté énergétique

L'Union européenne est fermement déterminée à garantir, d'ici à 2030, un accès universel à des services énergétiques modernes. Toutefois, pour parvenir à cet objectif, il faudrait à la fois une augmentation importante du financement et la mise en place de mécanismes de financement innovants destinés à attirer les investissements du secteur privé à une plus grande échelle.

A la suite du Sommet mondial sur le Développement durable qui s'est tenu à Johannesburg en 2002, l'Union européenne a été parmi les premiers à reconnaître l'importance de l'accès à l'énergie pour tous en vue de réduire la pauvreté. Cette action était appelée « Initiative en faveur de l'énergie pour l'éradication de la pauvreté et le développement durable »[125]. Elle a conduit à un partenariat stratégique entre l'UE et l'Afrique dans le secteur de l'énergie en fixant des objectifs clairs : fournir d'ici à 2020 un accès à des services énergétiques modernes et non polluants à au moins 100 millions d'Africains et accroître la capacité des énergies renouvelables en Afrique de plus de 15 000 MW. Ceci a conduit l'Union européenne à lancer une gamme d'instruments financiers visant à promouvoir ces investissements énergétiques.

L'Union européenne est le premier bailleur de fonds au monde dans le domaine de l'énergie en faveur des pays en développement. À elle seule, la Commission européenne a consacré, dans la période 2007-2012, près d'un milliard d'euros à l'amélioration de la situation du secteur de l'énergie dans ces pays, notamment en s'efforçant d'améliorer l'accès à des services énergétiques modernes. Elle s'est concentrée sur tous les éléments des politiques énergétiques, depuis l'électricité jusqu'à la gouvernance et la régulation, en passant par l'amélioration des technologies, les moyens propres de cuisson des aliments et l'efficacité énergétique. Il n'y a pas que dans le domaine de l'énergie que la Commission européenne est très active dans le domaine de l'aide au développement. D'ailleurs la

Direction générale de l'aide au développement est la plus importante en termes de personnel; 9,5 % du staff de la Commission européenne, soit plus de 3000 personnes, travaillent dans ce secteur.

Par l'intermédiaire du programme « ACP-UE pour l'énergie »[126] – mis en place en 2005 afin de permettre aux populations rurales et péri-rurales des pays en développement d'accéder à l'énergie non polluante – l'Union européenne a soutenu plus de 140 projets dans les pays d'Afrique, des Caraïbes et du Pacifique, apportant ainsi des services énergétiques modernes à 12 ou 13 millions de personnes.

Par exemple, le projet « Providing Access to Energy in Northern Uganda » (PAMENU[127]) – institué pour fournir l'accès à des services énergétiques de base aux ménages ruraux, aux institutions sociales et aux petites et moyennes entreprises en Ouganda – est un succès emblématique. Avec un budget minime, le projet a réussi à permettre l'accès à des services énergétiques modernes à plus d'un million de personnes et à fournir des poêles de cuisson à près de 200 000 foyers, à construire des petites centrales hydroélectriques dans trois communautés et à former 140 instructeurs en technologies solaires.

Mais devant l'ampleur du défi et la perspective que ce qui sera fait ne servira pas à compenser l'augmentation de la demande en énergie du fait de la croissance démographique, une nouvelle étape a été franchie en avril 2012. La Commission européenne a en effet lancé une nouvelle initiative en faveur de l'énergie, intitulée « De l'énergie pour doper le développement »[128], qui se concentrera sur le développement et l'amélioration d'instruments financiers innovants de l'UE, afin que les milliards d'euros qui seront mobilisés puissent apporter des changements réels sur le terrain. Il peut s'agir, par exemple, de soutenir le développement de partenariats public privé portant sur l'accès à l'énergie ou de mettre en place avec une banque des systèmes de garantie des risques dans les pays en développement. Cela pourrait potentiellement entraîner des investissements considérables en donnant aux investisseurs une certaine assurance quant à la sécurité de leur argent. Elle devrait permettre à 500 millions de personnes supplémentaires d'accéder à l'énergie durable dans les pays en développement d'ici à 2030.

Les propositions de la Commission portent sur un nouveau mécanisme d'assistance technique qui aidera les partenaires en développement qui soutiennent cette initiative par la mise à disposition de l'expertise européenne dans ce domaine. Ceci devrait contribuer à promouvoir le développement durable et la croissance inclusive. Cette initiative s'inscrit également dans le cadre de celle des Nations unies en faveur de l'énergie.

En tant que principal pourvoyeur d'aide au développement dans le monde, l'Union européenne joue un rôle essentiel dans les efforts déployés pour mettre fin à la pauvreté énergétique sur la Planète. La Commission européenne reconnait que le lien entre l'énergie et le développement est fondamental, ce qui a fait dire à M. José Manuel Barroso, lorsqu'il était président de la Commission européenne, que « *sans accès à l'énergie, nous ne pourrons tout simplement pas atteindre les Objectifs du Millénaire pour le développement. C'est la raison pour laquelle nous nous sommes attachés à l'objectif de fournir un accès universel à l'énergie durable pour tous d'ici à 2030* »[129]. La Commission européenne travaille de concert avec des partenaires du secteur privé et de la société civile afin de transformer cet objectif en une réalité. Il faudrait toutefois que d'autres se joignent à l'Union européenne pour faire en sorte que, d'ici à 2030, l'accès à l'énergie ne soit plus un privilège, mais un droit universel.

A l'occasion du lancement de cette initiative le 16 avril 2012 à Bruxelles, le secrétaire général des Nations unies, M. Ban Ki-moon, a déclaré qu'il se « *félicite de l'engagement pris par la Commission européenne de soutenir l'initiative sur l'énergie durable pour tous. En plaçant l'énergie au centre de ses politiques en matière de développement et en mettant la question de l'accès à l'énergie au rang de ses priorités, elle joue un rôle de premier plan qui contribue à faire de l'énergie un des objectifs principaux en matière de développement sur le plan international »*[87].

Lors de cet évènement, il a aussi déclaré avec émotion que *« l'accès à l'énergie moderne a contribué à transformer mon univers personnel et mon pays. L'accès à l'électricité peut sembler si facile qu'il peut être pris pour acquis. Sauf si vous ne l'avez pas. J'étais moi-même une de ces personnes jusqu'à ma première année à l'université. C'était en 1963 et j'étudiais avec une faible lumière générée par une lampe au kérosène. Pouvez-vous le croire, maintenant que je suis debout devant vous en tant que Secrétaire général de l'Organisation des Nations Unies ? »*

8. LA PRÉCARITÉ ÉNERGÉTIQUE DANS L'UE

Nous avons vu dans les pages précédentes que les pauvres hors UE devraient pouvoir avoir un accès aisé à l'énergie abordable pour pouvoir sortir de la pauvreté. A l'intérieur de l'UE également, la lutte contre la pauvreté devrait intégrer la lutte contre la pauvreté énergétique. Toutefois, nous allons parler de « pauvreté énergétique » lorsqu'il n'y a pas d'énergie disponible et nous parlerons à présent de « précarité énergétique » parce que, dans l'UE, l'énergie est disponible mais on ne parvient pas nécessairement à se la payer. Au Congo, il y a de la pauvreté énergétique, tandis qu'en France et en Belgique, les pauvres sont confrontés à la précarité énergétique. Dans nos pays riches, le prix de l'énergie ne permet toujours pas à une frange grandissante de la population de consommer l'énergie dont elle a besoin pour vivre de manière digne ; elle vit bel et bien dans des conditions pénibles générées par la précarité énergétique. Il ne s'agit pas d'un phénomène nouveau, mais il s'amplifie notamment eu égard au fait que dans notre société de consommation, les écarts entre ceux qui peuvent se permettre de gaspiller l'énergie et ceux qui ne peuvent même pas disposer d'un minimum deviennent intolérables, et aussi parce que le prix de l'électricité ne cesse de croître dans l'UE comme nous allons le voir.

Mais avant de développer cette question, posons-nous la question de savoir comment mesurer la pauvreté dans les pays saturés de bien de consommation ? Angus Deaton a obtenu le prix Nobel d'économie en 2015 pour ses travaux portant sur la mesure du bien-être économique. Son travail a consisté à ne plus mesurer uniquement la sécurité économique par les revenus, mais également en examinant la consommation. Si les données sur le chômage sont importantes, M. Deaton souligne l'importance d'inclure également la nourriture, le logement et d'autres besoins. Aux États-Unis, depuis 2004 un outil, appelé Human Needs Index[a] (HNI) et qui s'inspire de cette approche, a été développé par l'Ecole de philanthropie de l'Université de l'Indiana et l'église de l'Armée du Salut[130]. Cet index ne se concentre pas sur le revenu, mais sur la consommation, afin de mesurer si la population peut répondre de manière adéquate aux besoins fondamentaux de la vie. Le HNI comprend sept types de consommations: alimentation, épicerie, vêtements et meubles, logement, santé et … énergie.

Dans les années 1950-60, souvent on ne chauffait qu'une seule pièce dans les maisons, tandis que les autres étaient glaciales en hiver. Par la suite – et malgré les crises pétrolières des années 70 – grâce à la généralisation du chauffage central, on a pris l'habitude de chauffer toutes les pièces. Aujourd'hui certains ménages sont contraints de faire un bond en arrière de cinquante ans car ils ne peuvent plus se permettre de chauffer toute la maison. La crise économique et l'augmentation des prix de l'énergie rendent un plus grand nombre de ménages européens vulnérables, de sorte que la précarité énergétique gagne du terrain. En 2011, selon les statistiques européennes d'Eurostat[131], 9 % de la population de l'UE était sévèrement dépourvue matériellement et 18,3 % était dépourvue matériellement[b], ce qui peut impliquer que ces populations puissent être à haut risque de précarité énergétique.

---

[a] Index des besoins humains.

[b] Ces notions se basent sur la possibilité d'acquérir des biens de premières nécessités.

Les choses ne vont pas s'arranger facilement car on assiste à une augmentation soutenue et continue du prix de l'énergie dans l'UE, contrairement à ce qui se passe dans d'autres parties du monde et notamment aux États-Unis grâce à la révolution de gaz de roche-mère. Dans l'UE, le prix de l'électricité pour les usages domestiques a augmenté en moyenne de quatre pour cent par an de 2008 à 2012[132], ce qui fait un saut de 20 % en cinq ans. Pour le gaz, la situation est à peine meilleure, puisque c'est une croissance de trois pour cent par an, soit 15 % en cinq ans [a]. Ces moyennes masquent cependant des variations significatives de l'évolution des prix dans le temps selon les pays. Par exemple, on observe une augmentation annuelle moyenne sur cinq ans de dix pour cent en Lituanie et en Espagne, de huit pour cent en Lettonie et au Portugal et de cinq pour cent en Allemagne et en France.

Rien qu'en France, le médiateur de l'énergie estime qu'il y a 3,8 millions de ménages en situation de précarité énergétique, soit environ huit millions de personnes[133]. En Wallonie (la partie sud de la Belgique), on comptait 158 000 clients protégés dits également vulnérables [b] en électricité fin 2013 et 76 000 en gaz, soit plus de dix pour cent des clients. L'impossibilité de paiement des factures d'énergie est le premier élément déclencheur de la précarité énergétique. L'étape suivante est l'absence de chauffage, qui conduit à des graves problèmes de santé et parfois même à la mort. La précarité énergétique et les carences alimentaires sont à la base des difficultés de santé des populations pauvres, en particulier chez les seniors et les enfants. Les maisons insuffisamment chauffées – ou insuffisamment isolées – exacerbent les maladies respiratoires ou causent des arthrites et ont même des effets sur la santé mentale.

---

[a] Commission européenne, Communication «Prix et cout de l'énergie en Europe », COM (2014) 21 final, 22.1.2014

[b] Les clients résidentiels en situation d'impayé mis en demeure par leur fournisseur d'énergie.

En Angleterre et au Pays de Galles, on estime[134] qu'au cours de l'hiver 2011-2012, 24 000 personnes sont décédées à cause de ces problèmes de précarité énergétique. Ce sont surtout les individus de plus de 75 ans qui sont décédés : il y a eu dans ce groupe 19 500 morts en plus que durant l'hiver 2011-2012, contre 4 500 pour les personnes de moins de 75 ans. Une étude en Irlande du Nord a démontré que 42 % des coûts de la lutte contre la précarité énergétique peuvent être compensés par la réduction des soins de santé[135].

Il existe plus de données au Royaume-Uni que dans d'autres pays car il a été le premier à se préoccuper de la précarité énergétique, du fait qu'une partie de la population aux revenus limités vit dans des zones froides. C'était moins vrai dans les autres États membres de l'UE pour des raisons à la fois sociales mais surtout météorologiques et géographiques : les pays du Sud sont moins préoccupés par cette question tandis que dans les pays scandinaves, bien que froids, la couverture sociale a permis d'éviter que la précarité énergétique ne devienne un problème aigu.

Au sein de l'UE, il n'existe pas une définition unique de la précarité énergétique. La législation européenne en matière d'ouverture des marchés de l'énergie – un ensemble de directives et mesures réglementaires qui visent à achever la construction du marché intérieur de l'énergie connue dans le jargon par « troisième paquet énergie » –se réfère bien au concept de « précarité énergétique ». Cependant, sa définition, lorsqu'elle existe, varie entre les États membres. Certes, il aurait été difficile de trouver une définition unique du fait de la grande différence de situation météorologique entre les États membres, mais il faut aussi admettre que les problèmes sont très différents d'un Etat membre à l'autre. On ne meurt pas de froid en Sicile ou à Malte, mais le froid tue dans les Pays baltes ou en Ecosse, mais pas en Finlande un pays pourtant plus nordique. La précarité énergétique a depuis longtemps été définie au Royaume-Uni comme l'état d'un ménage qui doit dépenser au moins dix pour cent de ses revenus pour atteindre un niveau raisonnable de chaleur à l'intérieur de son logement.

Confronté à cette dure réalité pendant des années, le Royaume-Uni a été le seul Etat membre de l'UE à insister sur ces questions. C'est d'ailleurs leur terme « fuel poverty » (pauvreté de combustible) qui s'est imposé un peu partout dans l'UE. Toutefois, les autres États membres n'ont jamais montré d'intérêt suffisant pour que cela devienne une question européenne. Avec l'élargissement de 2004 de l'UE aux pays d'Europe centrale, le Royaume-Uni a été rejoint par d'autres Etats membres qui sont également confrontés à la précarité énergétique. Le niveau de pauvreté étant plus élevé dans les nouveaux Etats membres, le dossier est finalement venu à l'avant-plan.

En effet, la précarité énergétique est un problème terrible dans les Pays baltes. Les populations de ces pays, qui faisaient partie de l'URSS il y a encore une vingtaine d'années, sont confrontés à un grand problème pour chauffer leurs maisons. La grande majorité des immeubles dans ces pays ont été construits du temps où Leonid Brejnev voulait montrer à l'Ouest que les ouvriers de l'Est vivaient bien. Ces immeubles à appartements, édifiés dans les années 1970, ont été construits en béton « à la soviétique » c'est-à-dire qu'ils étaient très solides, mais hélas sans aucune attention à l'isolation. Ces « panels », comme on les appelle, ne peuvent être démolis que très difficilement alors qu'ils sont de véritables passoires pour la chaleur. Ce n'était guère un problème lorsque l'URSS fournissait presque gratuitement la chaleur par chauffage urbain, au point que la régulation de la température à l'intérieur des maisons se faisait par l'ouverture de la fenêtre. Mais aujourd'hui où l'économie de marché est d'application, le prix du chauffage devient très problématique. Par exemple, en Lituanie, en vingt ans d'indépendance, seulement 0,5 % des « panels » ont pu être rénovés.

Vient s'ajouter à cette précarité énergétique à l'Est l'augmentation du prix de l'énergie comme dans les autres Etats membres. Devant un tel constat, la précarité énergétique est finalement devenue une préoccupation de l'UE.

La chaleur est plus problématique que l'électricité. Le lecteur aura en effet compris que le concept de précarité énergétique concerne avant tout la chaleur. Nos ancêtres vivaient sans électricité mais ils ne vivaient pas sans chaleur. Ce besoin fondamental de l'homme est pourtant le parent pauvre de toutes les politiques énergétiques. Les responsables politiques se préoccupent énormément de l'approvisionnement électrique alors que l'électricité ne représente seulement que 22 % de la demande d'énergie finale – il suffit de voir l'intérêt pour le débat pour ou contre le nucléaire ou l'éolien ou le photovoltaïque. Par contre, rares sont les élus qui comprennent que la chaleur mériterait bien plus d'attention de leur part car elle représente la moitié de nos besoins en énergie finale, les 28 % restants étant consommés dans le secteur du transport (Figure 8-1). La Commission européenne a d'ailleurs tenu à sensibiliser à cette problématique en publiant en février 2016 une communication sur l'importance de la chaleur[136].

On entend souvent dire que les Européens utilisent 40 % de leur énergie dans les immeubles (au sens large et comprenant donc les maisons d'habitations et les services). C'est vrai. Mais il serait intéressant de préciser que 80 % de cette énergie sert aux besoins de chauffage et seulement 20 % est de l'électricité. L'homme a un besoin énorme en énergie…pour se chauffer. J'invite le lecteur à comparer le montant de sa facture de chauffage avec celui de sa facture d'électricité et il comprendra immédiatement où aurait dû être la priorité politique en matière d'énergie, ainsi que la sienne personnellement. Le bénéfice d'une isolation de toiture est de plusieurs ordres de grandeur plus important que le placement d'un panneau photovoltaïque.

Figure 8-1 Répartition de la consommation finale d'énergie dans l'UE
(Donnée de Eurostat)

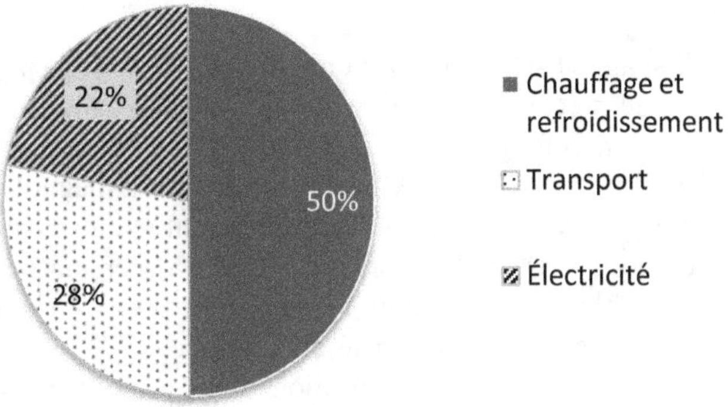

Si dans les pays Baltes le chauffage est une nécessité plus prégnante que celle de l'électricité, il n'en reste pas moins que le prix croissant de l'électricité est également problématique. En mars 2013, la coalition au pouvoir en Lettonie a dû décider de retarder jusqu'à janvier 2015 l'ouverture du marché de l'électricité afin de disposer du temps nécessaire pour mettre en place un système de remboursement pour les consommateurs les plus pauvres. En effet, ceux-ci auraient eu beaucoup de peine à pouvoir payer l'augmentation des factures d'énergie. La décision fut reportée « après les élections », car la mesure aurait été très impopulaire. Pourtant, en 2013, le parlement du pays avait voté en faveur de l'élimination des tarifs réglementés pour 850 000 ménages à partir de 1er avril 2014, ce qui devait conduire à une augmentation des prix de l'électricité de 40 % pour 75 % des ménages. Pour l'instant, le soutien au prix de l'électricité aux consommateurs domestiques s'élève à 25 millions d'euros par an. Cela donne un prix de l'électricité toutes taxes comprises de 13,69 €/kWh pour une moyenne de 19,66 pour l'UE[a]. En Estonie, les prix réglementés qui étaient de

[a] Au second semestre de 2012.

11,23€/kWh pour les ménages ont été augmentés en 2013, tandis qu'en Lituanie où le prix était de 12,68 €/kWh, il est prévu de les augmenter à partir de 2015. Il ne s'agit pas d'une augmentation due à la « libéralisation » mais bien la conséquence de l'élimination des prix subsidiés hérités du système soviétique.

L'Espagne est un autre Etat membre de l'UE où la population souffre de précarité énergétique. Selon la deuxième étude sur la pauvreté énergétique en Espagne de l'Association des sciences de l'environnement (ACA), sept millions d'Espagnols ont du mal à payer les factures d'énergie, une situation d'autant plus grave que la crise et le chômage frappent durement ce pays[137]. Tant et si bien qu'en 2012 un ménage sur trois au chômage était dans une position de précarité énergétique, 17 % des ménages espagnols, plus de sept millions de personnes, ont des difficultés pour payer les factures d'énergie car elles devraient y consacrer plus de dix pour cent de leur revenu à cette fin. Ce chiffre est en augmentation de 34 % en seulement deux ans, le nombre de personnes qui sont déclarées incapables de maintenir leur logement à une température appropriée a augmenté de 50 % entre 2008 et 2012. On estime que neuf pour cent des ménages, soit environ quatre millions de personnes, ne sont pas en mesure de maintenir une température appropriée pendant les mois froids de l'année. Paradoxalement, les populations des régions méridionales (Murcia, Extremadura, Andalucía) mais aussi centrales (Cataluña et Castilla-La Mancha) sont celles qui souffrent le plus de précarité énergétique.

Même en Allemagne, le pays qui montre la voie vers la transition énergétique, la précarité énergétique frappe. Et elle frappe dur. La politique énergétique allemande pénalise comme ailleurs les plus démunis, sans même apporter un début de solution pour la lutte contre les émissions de gaz à effet de serre. Le 24 février 2014, le gouvernement allemand a reconnu que 6,9 millions de ménages vivaient en dessous du seuil de précarité énergétique (en Allemagne aussi ce seuil est atteint lorsque les dépenses en énergie dépassent dix pour cent des revenus d'un ménage)[138]. Le gouvernement allemand a demandé un rapport à des experts qui ont estimé qu'il fallait que le pays arrête sa politique en faveur du solaire et l'éolien parce qu'elle accroît la pauvreté, et que ce sont surtout les plus démunis qui payent pour que les nantis installent chez eux des équipements de production d'électricité verte. Ce qu'on appelle pudiquement « la répartition des charges des énergies renouvelables » s'élève à 23,6 milliards d'euros par an, à charge du consommateur allemand. Cela se traduit automatiquement en une croissance du nombre de ménages en précarité énergétique.

En Belgique, les clients protégés bénéficient de tarifs réduits afin de pouvoir malgré tout disposer du minimum énergétique. Le régulateur de l'électricité, la CREG[a], fixe à 14,4 c€ le kWh d'électricité et à 3,9 c€ le kWh de gaz, soit des ristournes d'environ 30 % par rapport au tarif moyen payé par les autres consommateurs. Dans la partie sud du pays (la Wallonie), si les clients ne peuvent malgré tout pas payer leurs factures, ils peuvent se voir poser un « compteur à budget » qui fonctionne avec une carte à puce. Cette carte est débitée au fur et à mesure que le client consomme de l'énergie. Lorsque la carte prépayée est vide, un limiteur de puissance réduit drastiquement la consommation instantanément. Mais ces compteurs à budget coûtent cher aux Wallons, car les 18 787 compteurs placés en 2013 ont fait grimper la facture de 44 millions d'euros pour l'ensemble des consommateurs. D'évidence, le système a atteint ses limites puisque la seule installation d'un compteur à budget coûte 900 €, alors que dans presque 90 % des cas, la dette est inférieure à 1 000 €. D'évidence, les compteurs intelligents qui vont se développer partout en Europe seront mieux à même de gérer cette lourdeur administrative qui résulte de la précarité énergétique mais aussi parfois tout simplement du comportement incivique de ce qu'on appelle pudiquement les « mauvais payeurs ».

En fait, la préoccupation suscitée par l'augmentation du prix de l'électricité dans l'UE est générale. C'est pourquoi la Commission européenne a voulu mettre à plat cette problématique en publiant un rapport sur l'évolution récente des

[a] Commission de régulation du marché de l'électricité et du gaz.

prix de l'électricité[139], problématique qui commence à devenir très lourde pour les consommateurs domestiques mais aussi industriels.

8.1.Que faire face à ce constat préoccupant ?

Pour que l'UE soit forte il faut que ses citoyens ne soient pas vulnérables, il est essentiel d'éliminer cette vulnérabilité. En effet, la précarité énergétique induit des répercussions négatives sur les conditions de vie et la santé. En plus des prix de l'électricité et du gaz qui augmentent, les autres causes sont multiples : le plus souvent, la précarité énergétique résulte d'un faible niveau de revenus combiné à une situation de pauvreté générale, à la mauvaise isolation des logements et à un système d'occupation des logements qui n'encourage pas l'efficacité énergétique. Pour s'attaquer à cette précarité énergétique, il faut recourir à un faisceau de mesures, principalement dans le domaine social, qui relèvent de la compétence des autorités nationales, régionales ou locales.

La Commission européenne a abordé cette problématique par l'angle du marché de l'énergie, car elle a dans ce domaine des compétences, certes limitées, mais bien plus puissantes que dans le domaine social. Dans ce qu'il est convenu d'appeler le « troisième paquet » d'ouverture du marché de l'énergie, le concept de « consommateurs vulnérables » a été préféré à celui de « précarité énergétique », dans le but d'assurer qu'il y ait suffisamment de protections pour ceux-là. Le législateur européen ne pouvant définir un tel concept pour tous les citoyens de l'Union, il en a laissé la responsabilité aux Etats membres. La différence essentielle voulue – ou subie[a] – par le législateur porte sur une définition plus collective des

---

[a] Contrairement à une idée trop souvent répandue, le législateur européen – c'est à dire le binôme Parlement européen et Conseil européen (les ministres compétents des Etats membres) – ne peut légifère que sur les compétences que lui confère le traité et en l'occurrence il ne pouvait le faire qu'au travers de celles concernant le marché intérieur.

consommateurs ayant des difficultés à payer leur facture d'électricité ou de gaz plutôt que d'individus souffrant du froid comme c'est souvent le cas pour la précarité énergétique. Les données sur le nombre de personnes considérées comme étant dans une situation de précarité énergétique ne sont pas disponibles au niveau de l'UE. Si les États membres sont tenus, en vertu de ce troisième paquet énergie, à définir le concept de consommateurs vulnérables et de les protéger, il n'existe toutefois aucune obligation pour eux à recueillir des données relatives à l'harmonisation de la vulnérabilité énergétique des consommateurs et à la précarité énergétique.

Tout mécanisme adopté par les Etats membres visant à protéger les consommateurs vulnérables devra être compatible avec les règles du marché et devra tenir compte des autres mesures de politique sociale. Si c'est la voie du marché de l'énergie qui est choisie, ce mécanisme pourra prendre la forme d'un tarif de solidarité ou d'une remise sur les factures énergétiques. Il faut que le coût de ces systèmes soit couvert collectivement par les consommateurs non éligibles (qui restent soumis au régime du monopole). Il est donc important qu'un système de ce type soit bien ciblé, de façon à en maintenir les coûts globaux à un faible niveau et à limiter les distorsions découlant des prix réglementés (par exemple, le déficit tarifaire ne doit pas augmenter davantage dans les États membres)

La législation prévoit également des mesures qui interdisent la déconnexion du réseau électrique pour ces consommateurs. C'est pourquoi, comme nous venons de la voir avec l'exemple wallon, lorsque des factures ne sont pas payées, l'électricité n'est plus simplement coupée mais un limiteur de puissance ou un compteur à budget est placé de manière à éviter qu'une trop grande consommation d'énergie ne soit finalement pas payée, tout en laissant un minimum de consommation au client en défaut de paiement. Observons toutefois que ce ne sont pas des mesures sociales d'aide de paiement des factures qui permettront d'éradiquer la précarité énergétique mais bien des mesures structurelles sur le long terme. Il faudrait donc privilégier des politiques de soutien qui remplacent les aides financières de court terme (qui ne traitent pas à la racine les raisons de la précarité énergétique) par des mécanismes de soutien à l'amélioration de l'efficacité énergétique des logements et l'utilisation de systèmes de chauffage économes. De telles dépenses seraient d'ailleurs éligibles au titre des fonds européens destinés aux régions.

Les mesures politiques dans le domaine de l'énergie visant à réduire la précarité énergétique – et en particulier celles relatives à l'efficacité énergétique – peuvent jouer un rôle important pour améliorer la situation globale des ménages et donc pour lutter contre la pauvreté. La sensibilité à la précarité énergétique est une fonction – entre autres – de l'adéquation du revenu du ménage, des besoins énergétiques des ménages et de l'efficacité énergétique du parc de logements, des systèmes ou appareils de chauffage domestiques. Par conséquent, pour un niveau donné de revenu, les ménages et les individus ne sont pas égaux devant le besoin de convertir leur revenu en chaleur adéquate. Il en résulte que ce ne sont pas nécessairement des pauvres selon les statistiques qui souffrent de précarité énergétique et on voit combien il est difficile de traiter de manière uniforme cette question complexe.

Les mesures sociales de lutte contre la précarité énergétique impliquent de très grandes dépenses et elles sont actuellement à risque du fait de l'état déplorable des finances publiques. Ces mesures ne permettent pas à elle seule de résoudre la précarité. Par contre les mesures structurelles, qui certes nécessitent de mobiliser d'importantes sommes d'argent, permettent d'assurer une réduction des consommations sur le long terme et ainsi de diminuer les risques de précarité énergétique de manière définitive. Les factures énergétiques seront payées, mais de manière bien plus cruciale, les coûts sociaux et sur la santé causés par des maisons froides seront annulés.

Par ailleurs, trop d'Etats membres pratiquent encore des prix réglementés. Il n'y a qu'un tiers environ des pays européens qui laissent le marché fixer les prix de l'énergie. Alors que l'on critique régulièrement l'UE d'être libérale, dans le domaine de l'énergie, force est de constater que les Etats aiment en fixer le prix, bien que les chefs d'Etat et de gouvernements, lorsqu'ils sont réunis à Bruxelles, ne cessent de plaider pour l'élimination des prix réglementés. La question des prix de l'électricité et du gaz sort du cadre de cette analyse sur la pauvreté énergétique, mais elle est réellement une des questions cruciales que la politique énergétique tente de résoudre.

L'UE a déjà mis en place le train de mesures le plus avancé au monde pour rendre la consommation d'énergie plus efficace. Grâce à la législation sur l'écoconception [140] et l'étiquetage énergétique, les consommateurs peuvent poser des choix éclairés en matière de consommation d'énergie et ainsi réduire leur consommation d'énergie. Nous abordons là un autre paradoxe puisque d'évidence les plus démunis des Européens ne peuvent se permettre d'acheter des appareils électroménagers qui sont les plus performants, ceux de catégorie A, car s'ils sont économes, leur prix d'achat est plus élevé[a].

Un autre paradoxe se trouve au niveau de l'aménagement du territoire. La précarité énergétique en Europe a des répercussions sur la question de la ruralité, alors que l'UE veille à maintenir une vie dans nos campagnes. En effet, c'est dans les zones rurales que le problème de la précarité énergétique se fait le plus sentir. On retrouve généralement au sein des Etats membres de l'UE trois problèmes énergétiques en zones rurales : l'impossibilité de se chauffer par manque d'argent[141], un très bas niveau d'efficacité énergétique des habitations, et la mauvaise qualité de l'air dans les maisons qui résulte des combustibles utilisés et qui génère ainsi des maladies respiratoires (voir page 101). L'exposition à cette précarité énergétique est exacerbée dans les zones rurales car le revenu par habitant y est de 21 à 62 % inférieur par rapport à la moyenne nationale. Ce phénomène est le plus accentué dans les Etats membres de l'Europe centrale[142].

---

[a] Sur proposition de la Commission le Parlement européen a adopté en juillet 2016 une reclassification afin de donner plus de lisibilité au système d'étiquetage énergétique. Les catégories A+, A++ et A+++ ont été renommées C, B et A.

Dans certaines zones rurales de l'UE, il y a de sérieux problèmes de qualité de l'air, par exemple, des émissions élevées de NOx, de SO_2 et de particules, notamment parce qu'on y utilise plus de fuel ou de bois de chauffage sans qu'il n'y ait de dispositif d'épuration des fumées. En Pologne, on trouve un taux très élevé de SO_2 à cause de l'utilisation domestique de houille. Bien entendu, le passage à des systèmes moins polluants comme l'électricité ou le gaz naturel, s'il a un impact positif sur la pollution atmosphérique, risque d'exacerber la précarité énergétique car ces énergies sont généralement plus coûteuses.

Une autre raison pour laquelle la précarité énergétique se retrouve plus souvent dans les zones rurales est que dans ces zones se trouvent les maisons les moins performantes du point de vue énergétique. Une enquête réalisée en Ecosse a démontré que 68 % des habitations en zones urbaines ont un bon coefficient énergétique, ce taux n'atteignant seulement 29 % dans les zones rurales[143]. La principale raison est la nature même des maisons en zones rurales qui ont tendance à être plus vielles, souvent en pierre, avec peu ou pas du tout d'isolation et qui ont un besoin urgent de rénovation. De plus, les habitations en zones rurales ne sont pas une priorité des programmes d'efficacité énergétique parce que les investissements à consentir sont plus conséquents. En France, l'Office national de statistiques, l'INSEE, considère que les habitants des zones urbaines ont été les premiers à bénéficier de bâtiments mieux isolés et de systèmes de chauffages efficaces[144]. Comme il y a généralement proportionnellement plus de personnes âgées dans les zones rurales, dans certains Etats membres la mortalité causée par la précarité énergétique y est plus élevée.

Il existe une relation entre le revenu des ménages et le type de chauffage utilisé. Comme le chauffage électrique ou celui au gaz sont plus onéreux, les clients connectés aux réseaux de gaz ou d'électricité préfèrent se chauffer au charbon parce que c'est moins cher, de sorte que la vulnérabilité énergétique en zone rurale n'est pas due généralement à une carence des réseaux mais au niveau de revenus.

9.

VERS LA PROSPÉRITÉ POUR TOUS

Dans un monde où les inégalités entre les pays sont scandaleuses, où le gaspillage est la norme, la pauvreté est révoltante, elle devrait nous être à tous insupportable. Les pays riches, et en l'occurrence les Etats membres de l'UE, ne peuvent cependant pas « porter toute la misère du monde ». La condition *sine qua non* pour que la pauvreté soit éradiquée, le point de départ, est la création d'un espace d'Etat de droit. A défaut de ce fondement de la bonne gouvernance, toutes les bonnes volontés du monde, toutes les actions louables des ONG, tous nos dons généreux ne seront pas en mesure d'inverser durablement la situation. Que les républiques soient des républiques et non pas des despotismes qui cachent leur nom. C'est par là qu'il faut commencer. Et en même temps, il faut aussi œuvrer pour une meilleure éducation. Toutefois, rien de tout cela ne serait suffisant si on n'offre pas aussi aux populations et aux systèmes économiques de l'énergie accessible, abondante et bon marché.

Toutes les études montrent que l'accès à l'énergie aide les gens à vivre mieux et plus longtemps. Faut-il même réaliser des études pour démontrer une évidence que nous, les habitants des pays riches, vivons tous les jours si nous voulions simplement y prêter attention ? Qui oserait comparer le niveau de vie que nous avons aujourd'hui avec ceux des mineurs du XIXème siècle du temps de Germinal de Zola, mais aussi plus proche de nous, par exemple des Italiens – dont mon père – qui sont venus dans les années 1950 travailler dans les houillères en Belgique ? C'est grâce à l'extraordinaire service que nous donnent les énergies fossiles et l'énergie nucléaire que nous pouvons vivre dans des maisons chauffées, prendre des douches à la température de notre choix, avoir des aliments frais et conformes à des normes d'hygiène jamais atteintes auparavant, jouir de loisirs, nous déplacer aisément, aller au cinéma ou *chatter* sur les réseaux sociaux. Ayons l'honnêteté d'admettre que cette utilisation massive de l'énergie nous offre une qualité de vie matérielle inégalée dans l'Histoire de l'Humanité. Et on ne retournera pas en arrière !

En paraphrasant le grand philosophe du XVIIème siècle, Thomas Hobbes qui, dans le *Léviathan*[145], a écrit que la vie naturelle est « solitaire, misérable, cruelle, animale et brève », on doit enseigner, insister et répéter inlassablement que sans accès à l'énergie moderne la vie est, elle aussi, pauvre, misérable et brève. Visons donc un accès à l'énergie pour tous !

Il y a assez d'énergies fossiles pour au moins deux siècles, car d'une part elles sont bien plus abondantes que ce que nous pensions et d'autre part nous allons continuer à améliorer l'efficacité énergétique de sorte que la croissance de la demande en termes de population et la mise à niveau des conditions de vie seront compensées par une moindre consommation grâce précisément à l'efficacité énergétique. Par ailleurs, les technologies tant de production d'énergie primaire que d'énergie finale polluent de moins en moins. Ce qui se prépare dans les laboratoires de recherche, comme par exemple la photosynthèse artificielle à partir de CO_2, d'eau et de lumière solaire grâce à de nouveaux catalyseurs, permet d'espérer de nouveaux sauts, des ruptures technologiques qui permettront de produire plus d'énergie à partir de la nature. Les solutions durables, c'est-à-dire non seulement vertes mais aussi économiques, en matière d'énergies renouvelables ne sont pas celles que nous connaissons aujourd'hui mais celles qui utiliseront l'énergie solaire pour produire des carburants de synthèse et d'autres innovations encore. Ce n'est pas le lieu ici d'en parler, mais ceux qui y travaillent savent beaucoup mieux que ceux qui annoncent des catastrophes que la recherche en matière d'énergies nouvelles est très prometteuse.

Pourtant, chaque année, 1,5 million de personnes meurent à cause de la pauvreté énergétique. Il est honteux, et pour moi révoltant, que l'on ignore ces statistiques brutales. Nous devrions mettre les êtres humains à la première place et dire ouvertement qu'ils doivent utiliser plus d'énergie et puisqu'ils sont pauvres, il faut les encourager à utiliser la moins onéreuse des énergies, c'est-à-dire les énergies fossiles. En particulier il faudrait expliquer aux Européens que le charbon est la seule solution énergétique qui puisse rapidement et économiquement produire l'électricité indispensable pour rehausser le niveau de vie de ceux qui souffrent de la pauvreté énergétique et que par conséquent la consommation mondiale de charbon devrait croître de moitié d'ici 2030. C'est une question de simple et pur bon sens.

En réduisant la dépendance de l'Humanité par rapport à la nature — ce que l'on appelle pompeusement la « biomasse » — les combustibles fossiles ont non seulement sauvé l'humanité des caprices de la nature, mais ils ont également sauvé la nature de la prédation de l'humanité. Bjorn Lomborg, un ancien statisticien de Greenpeace, qui a compris combien le monde avait besoin d'énergie pour éradiquer la pauvreté, rappelle que si 680 millions de Chinois sont sortis de la pauvreté au cours des 30 dernières années, ce fit grâce aux centrales au charbon bon marché, sans subventions publiques [146]. Des milliards d'individus à travers le monde aimeraient avoir accès à l'énergie peu chère comme les Chinois afin de profiter du confort de l'énergie moderne et ainsi sortir de la pauvreté.

Les changements technologiques profonds et les renversements géopolitiques sous nos yeux nous imposent de revoir de fond en comble nos raisonnements en matière de ressources d'énergies fossiles. Elles sont bien plus abondantes que nous ne l'avions jamais imaginé. Elles sont également bien mieux réparties dans le monde que nous ne l'avions craint. De plus elles sont moins chères qu'on nous l'a fait croire pendant une quarantaine d'années. Cette nouvelle situation d'abondance des énergies fossiles, et en particulier du gaz naturel, est une occasion à saisir afin de permettre à la population sans accès à l'énergie de se rapprocher de notre niveau de vie.

Certes, toute augmentation de l'utilisation des énergies fossiles s'accompagne sans doute d'une plus forte croissance des émissions de gaz à effet de serre pendant un temps. Faut-il continuer à en avoir peur, à en être tétanisé ? Pourquoi ignorer ou feindre d'ignorer que des gens plus riches et plus développés seront à même de mieux résister aux caprices de la nature que ceux qui sont pauvres. D'autant que les annonces de catastrophes ne résultent que de modèles mathématiques qui se sont tous trompés jusqu'à présent, en donnant des résultats excessifs par rapport à la réalité mesurée. Pourquoi ne pas permettre aux pauvres de sortir de la misère qui résulte de la pauvreté énergétique de manière à ce que, d'ici là, ils soient eux aussi – comme nous – en mesure de résister aux hypothétiques conséquences des « dérèglements climatiques » ?

Est-ce que cela n'est pas aussi aider les pauvres ? Plutôt que de voir les combustibles fossiles comme une source hypothétique de catastrophe potentielle dans un siècle ou plus, nous devrions les considérer comme le moyen qui permet de jouir d'une vie saine et longue à des milliards d'êtres humains. Comme toujours « un tient vaut mieux que deux tu l'auras ». Maurice Blondel nous enseigne que l'avenir ne se prévoit pas, il se prépare. Aujourd'hui. Avec de l'énergie, afin d'avoir une vie qui ne soit plus ni pauvre, ni désagréable et ni brève.

INDEX

A

B

C

D

E

F

G

H

I

J

K

RÉFÉRENCES

---

[1] http ://www.lemonde.fr/afrique/article/2015/03/12/au-ghana-du-courant-grace-a-des-tourniquets-dans-les-cours-de-recreation_4592279_3212.html

2 Banque Mondiale, Selon la Banque Mondiale, la pauvreté dans le monde devrait passer pour la première fois sous la barre des 10 %, 04 octobre 2015 http://www.banquemondiale.org/fr/news/press-release/2015/10/04/world-bank-forecasts-global-poverty-to-fall-below-10-for-first-time-major-hurdles-remain-in-goal-to-end-poverty-by-2030.print

[3] http ://one.org.s3.amazonaws.com/pdfs/rapport_data_2013_fr.pdf

[4] NASA, 24 juillet 2012http://www.nasa.gov/topics/earth/features/greenland-melt.html

[5] L'Express, 25/7/2012

[6] ERPICUM Michel, Société Royale Belge d'électricité (SRBE), Bruxelles, 8 mai 2014, «Quelle transition énergétique ? »

7 RTBF, Histoire du Monde : pédaler en prison, 25 juillet 2012, http://www.rtbf.be/lapremiere/article_histoire-du-monde-pedaler-en-prison?id=7810114

[8] FURFARI Samuele, L'écologie au pays des merveilles, Bourin Editeur, Paris, 2012

[9] Banque Mondiale, World Development Indicators, http://databank.worldbank.org/data/views/variableselection/selectvariables.aspx#

[10] Commission européenne, Cadre stratégique pour une Union de l'énergie résiliente, dotée d'une politique clairvoyante en matière de changement climatique, COM(2015) 80 final du 25 février 2015

[11] Commission européenne, Communication sur une stratégie de l'UE en matière de chauffage et de refroidissement, COM (2016) 51 final du 16 février 2016

[12] Directive 2009/28/EC JO L 140, 06.06.2009, p.16

[13] Commission européenne, Communication - Cadre pour l'énergie et le climat à l'horizon 2030, COM(2014) 15, 22 janvier 2014

[14] Nations Unies, Le sommet "planète terre", couronnement d´une réunion historique, définit les orientations du développement durable, http://www.un.org/french/events/rio92/rioround.htm

[15] ELGRABLY-LÉVY Nathalie, La bible des écologistes, Le Journal de Montréal, 14 juillet 2011, p. 25

[16] Agenda 21, Nations Unies, Développement durable, http://www.un.org/french/ga/special/sids/agenda21/action1.htm

[17] BOUTROS-GHALI Boutros, Rapport de la Conférence des Nations Unies sur l'environnement et le développement, Rio de Janeiro, 3-14 juin 1992, ONU, New York, 1993, A/CONF.151/26/Rev. 1, vol II, http ://www.un.org/documents/ga/conf151/french/aconf15126-4f.htm

[18] FURFARI Samuele, Dieu, l'homme et la nature, Bourin Editeur, Paris, 2010.

[19] Directive 2009/29/CE du Parlement européen et du Conseil du 23 avril 2009 modifiant la directive 2003/87/CE afin

d'améliorer et d'étendre le système communautaire d'échange de quotas d'émission de gaz à effet de serre Texte présentant de l'intérêt pour l'EEE Journal officiel n° L 140 du 05/06/2009 p. 0063 - 0087

[20] Directive 2009/28/CE du Parlement européen et du Conseil du 23 avril 2009 relative à la promotion de l'utilisation de l'énergie produite à partir de sources renouvelables et modifiant puis abrogeant les directives 2001/77/CE et 2003/30/CE Texte présentant de l'intérêt pour l'EEE, Journal officiel n° L 140 du 05/06/2009 p. 0016 - 0062

[21] http ://ec.europa.eu/europe2020/europe-2020-in-a-nutshell/targets/index_fr.htm

[22] GIEC, Assement Report (AR) 5 Groupe I chapitre 9 "Evaluation of Climate Models" Section 9.4.9.4.1 Box 9.2 : "Climate Models and the Hiatus in Global Mean Surface Warming of the Past 15 Years", http://www.ipcc.ch/pdf/assessment-report/ar5/wg1/WG1AR5_Chapter09_FINAL.pdf, voir page 769

23 The Guardian, Evo Morales stuns Copenhagen with demand to limit temperature rise to 1C 16 December 2009, https://www.theguardian.com/environment/2009/dec/16/evo-morales-hugo-chavez

24 The Guardian, Gore's climate film has scientific errors – judge, 11 octobre 2007, ttps://www.theguardian.com/environment/2007/oct/11/climatechange

[25] GIEC, Working Group I contribution to the IPCC fifth assessment report climate change 2013: the physical science basis, Chapter 9, Box 9.2

[26] Reuter, Rio+20 s'achève sur un sentiment d'inefficacité 23 juin 2012, http://fr.reuters.com/article/topNews/idFRPAE85M00N20120623

[27] RTBF, Rio+20: la société civile monte au créneau pour dénoncer "l'échec" du sommet de l'ONU, 21 juin 2012, https://www.rtbf.be/info/societe/detail_rio-20-la-societe-civile-monte-au-creneau-pour-denoncer-l-echec-du-sommet-de-l-onu ?id=7791617

[28] Global Alliance for the Rights of Nature, http://therightsofnature.org/

[29] Commission européenne, Joint statement by Janez Potočnik and Ida Auken on the Rio+20 Declaration, 19 juin 2012, http://europa.eu/rapid/press-release_MEMO-12-461_fr.htm ?locale=EN

30 Le Monde, Le « M. Météo » de France 2 annonce son licenciement, 01.11.2015, http://www.lemonde.fr/actualite-medias/article/2015/11/01/le-m-meteo-de-france-2-annonce-son-licenciement_4800951_3236.html#2g986XV52MtTlzQL.99

31 HOLLANDE François, https://twitter.com/fhollande/status/675639121239482369 ?lang=fr

32 Nations Unies, Convention Cadre sur les changements climatiques, Conférence de Paris, 12 décembre 2015, http://unfccc.int/resource/docs/2015/cop21/fre/l09f.pdf

[33] MARKO Istvan (Ed.), Climat : 15 vérités qui dérangent, Texquis, 2013

[34] ELLUL Jacques, La technique, ou, L'enjeu du siècle, Economica, 2008

[35] BERNSTAM Mikhail The Wealth of Nations and the Environment, Institute of Economic Affairs (janvier 1991)

[36] KUZNETS Simon, « Economic growth and income inequality » (La croissance économique et les inégalités de revenus), The American Economic Review XLV, no. 1, 1955

[37] HÖLDERLIN Friedrich, in the poem « Patmos »

[38] PLATON - Œuvres complètes, Les Belles Lettres, tome I.djvu/192

[39] Résolution adoptée par les ministres des Affaires étrangères des États membres de la CECA (Messine, 1er au 3 juin 1955), http://www.cvce.eu/obj/resolution_adoptee_par_les_ministres_des_affaires_etrangeres_des_etats_membres_de_la_ceca_messine_1er_au_3_juin_1955-fr-d1086bae-0c13-4a00-8608-73c75ce54fad.html

[40] Agence Internationale de l'énergie, A Tale of Renewed Cities, 2013

[41] Nations Unies, Objectifs du Millénaire pour le Développement – Rapport de 2012, http ://www.un.org/fr/millenniumgoals/pdf/mdg_report_2012.pdf

[42] Banque Mondiale, Ending extreme poverty and sharing prosperity: progress and policies, October 2015, http://pubdocs.worldbank.org/pubdocs/publicdoc/2015/10/109701443800596288/PRN03-Oct2015-TwinGoals.pdf

[43] Assemblée générale des Nations Unies, Projet de document final du Sommet des Nations Unies consacré à l'adoption du programme de développement pour l'après-2015, http://www.un.org/fr/documents/view_doc.asp ?symbol=A/69/L.85

[44] Agence Internationale de l'Energie, World energy outlook 2011, Energy for all, Paris, 2011

[45] Agence Internationale de l'énergie, Africa Energy Outlook, 2014

[46] IPCC, Fifth Assessment Report - Climate Change 2013, http://www.ipcc.ch/report/ar5/wg1/

47
http ://www.iea.org/publications/freepublications/publication/SoutheastAsiaEnergyOutlook_WEO2013SpecialReport.pdf

[48] Energetic Limits to Economic Growth, January 2011 / Vol. 61 No. 1 • BioScience 19. James H. Brown e al.

(http ://biology.unm.edu/jHBrown/Documents/Publications/2000s/2011-
1 %20Energetic %20Limits %20to %20Economic %20Growth.pdf)

[49] SMITH K., et all. Comparative Quantification of Health Risks : Global and Regional Burden of Disease Attributable to Selected Major Risk Factors, Indoor air pollution from household use of solid fuels, Eds Ezzati M, Lopez A et all., World Health Organization, Geneva.

[50] EMMELIN A., WALL S., Indoor air pollution: a poverty-related cause of mortality among the children of the world, Chest. 2007 Nov ;132(5) :1615-23

[51] BRUCE N., PEREZ-PADILLA R., ALBALAK R., Indoor air pollution in developing countries : a major environmental and public health challenge, Bull World Health Organ. 2000 ;78(9) :1078-92.

[52] MUSHFIQ MOBARAK Ahmed, et all. Low demand for non-traditional cookstove technologies, Proceeding of the National Academy of Sciences of the USA, 2012 109 (27) 10815-10820 ;
http ://www.pnas.org/content/suppl/2012/06/05/1115571109.DCSupplemental/pnas.201115571SI.pdf

[53] FAO, Evaluation des ressources forestières mondiales 2015, FRA 2015, p. 1

[54] BURUNDI, Rapport national sur les OMD 2015, Juillet 2015,
http://www.bi.undp.org/content/dam/burundi/docs/publications/Burundi-MDG-2015-Final-Report.pdf

[55] Ministère de l'énergie et des mines du Burundi, Lettre de Politique énergétique, Janvier 2011, p.11

[56] UNEP, Experts' background report on illegal exploitation and trade in natural resources benefitting

organized criminal groups and recommendations on MONUSCO's role in fostering stability and peace in

eastern DR Congo, 15/04/2015, par. 90, http://postconflict.unep.ch/publications/UNEP_DRCongo_MONUSCO_OSESG_final_report.pdf

[57] Radio Télévision Caraïbe, 14 octobre 2016, http://www.radiotelevisioncaraibes.com/nouvelles/haiti/des_militaires_dominicains_d_ploy_s_sur_le_sol_ha_tien.html

[58] http ://www.cleancookstoves.org/

[59] FURFARI Samuel, Politique et géopolitique de l'énergie, Technip, 2012

[60] Agence Internationale de l'énergie, World Energy Outlook 2011 - special report, Are we entering a golden age of gas?, http://www.worldenergyoutlook.org/goldenageofgas/

[61] Global Allicance for Clean Cookstoves, Building Capacity and Sharing Lessons on Fuels in Indonesia, 21 June 2015, http://cleancookstoves.org/about/news/06-21-2015-building-capacity-and-sharing-lessons-on-fuels-in-indonesia.html

[62] http ://data.worldbank.org/indicator/SH.STA.MMRT ?page=4

[63] http ://www.iea-coal.org/site/2010/news-section/news-items/china-coal-will-still-fuel-economic-miracles ?

[64] University of Oxford; Stranded Assets and Subcritical Coal, The Risk to Companies and Investors, Mars 2015

[65] Financial Time, Indian power shortage is Achilles heel of economy, 30 May 2013

[66] Planning Commission, Government of India, April 2014. The Final Report: Expert Group on Low Carbon Strategies for Inclusive Growth, Planning Commission, Government of India, New Delhi, http://planningcommission.nic.in/reports/genrep/rep_carbon2005.pdf

[67] http ://data.worldbank.org/country/india

[68] http ://rggvy.gov.in/rggvy/rggvyportal/index.html

[69] Congrès mondial de l'énergie, Rome, 13 novembre 2007

[70] Agence internationale de l'énergie, World Energy Outlook 2012 page 535

[71] MOTTET Éric, LASSERRE Frédéric, « L'insoluble question de l'énergie électrique au Vietnam », Géoéconomie 3/2016 (N° 80), p. 97-112, www.cairn.info/revue-geoeconomie-2016-3-page-97.htm.

[72] Bulletin GICAM n° 55, mai 2013

[73] Banque Mondiale, World DataBank, World Development Indicators, http://databank.banquemondiale.org/data/reports.aspx ?source=indicateurs-du-d %C3 %A9veloppement-dans-le-monde#

[74] http ://memisa.be/fr/nouvelles/collaboration-avec-l %E2 %80 %99anmc-des-mutuelles-pour-les-plus-d %C3 %A9munis

[75] Handelsblatt, Desertec sucht den Platz an der Sonne ?, 13/7/2009, http://www.handelsblatt.com/meinung/kommentare/solarenergie-desertec-sucht-den-platz-an-der-sonne-seite-2/3218984-2.html

[76] Directive 2009/28/CE du 23 avril 2009 relative à la promotion de l'utilisation de l'énergie produite à partir de sources renouvelables et modifiant puis abrogeant les directives 2001/77/CE et 2003/30/CE

[77] Commission européenne, Guidelines on State aid for environmental protection and energy 2014-2020, C(2014) 2322

[78] ROUSSEAU Jean-Jacques, Livre VI des Confessions, 1782 …alors que la révolution est en 1789

[79] http ://www.europeanenergyforum.eu/events/coal-global-picture

[80] N° 40 - Géopolitique de l'Electricité – avril 2014, http ://www.geopolitique-electricite.fr/documents/ene-100.pdf

[81] http ://www.fema-africa.net/

[82] Banque Mondiale, 5 aout 2014, http://www.banquemondiale.org/fr/news/press-release/2014/08/05/africa-world-bank-group-commits-us-5-billion-to-boost-electricity-generation-in-six-african-countries

[83] BREW-HAMMOND Abeeku, Energy access in Africa : Challenges ahead, Energy Policy, 38(2010)2291–2301

[84] FURFARI Samuele, L'énergie, de la guerre vers la paix et la sécurité, Académie Royale de Belgique, 2014, http://academie-editions.be/catalogue/34-lenergiedelaguerr-verslapaix.html

[85] Energies pour l'Afrique, http://www.energiespourlafrique.org/

[86] FURFARI Samuele, Vive les énergies fossiles, Texquis, 2014

[87] Nigeria Electricity, Nigeria Considers Clean Coal Power Plant, 26 juillet 2016, http://www.nigeriaelectricityhub.com/2016/07/26/nigeria-considers-clean-coal-power-plant/

[88] Le Monde Afrique, Le discours d'Accra de Barack Obama, 13 juillet 2009, http://www.lemonde.fr/afrique/article/2009/07/13/l-afrique-n-a-pas-besoin-d-hommes-forts-mais-de-fortes-institutions_1218281_3212.html

[89] USA, http ://www.whitehouse.gov/the-press-office/2013/06/30/fact-sheet-power-africa

[90] http ://www.state.gov/e/enr/

[91] Center for Global Development, Todd Moss and Benjamin Leo, Maximizing Access to Energy : Estimates of Access and Generation for the Overseas Private Investment Corporation's Portfolio, January 2014, http://www.cgdev.org/sites/default/files/maximizing-access-energy-opic_1.pdf

[92] http ://www.agenceecofin.com/electricite/0202-17230-rd-congo-la-banque-mondiale-apporte-1-14-milliard-a-la-snel

[93] MISSER François, Inga : ambition nécessaire mais projet à mûrir, Conjonctures Congolaises; n°87, mai 2016, L'harmattan et Musée Royale d'Afrique Centrale

[94]

http ://www.worldenergy.org/work_programme/regional_programme/africa/grand_inga/default.asp

[95] http ://www.contrepoints.org/2013/06/13/127689-enfin-une-bonne-nouvelle-dans-le-domaine-de-lenergie

[96] Kongo times, 28 octobre 2015, RDC : La centrale hydroélectrique de Katende oubliée, http://afrique.kongotimes.info/rdc/parlement/9928-rdc-centrale-hydroelectrique-katende-oubliee-budget-2016-depute-claudel-andre-lubaya-plaide-pour-electrification-provinces-issues-deux-kasai.html

[97] Banque Mondiale, Ruzizi II Regional Hydroelectric Power Project, 5 mai 1983, p.5, http://documents.banquemondiale.org/curated/fr/916461468115464479/pdf/Credit-

98 Commission européenne, Ruzizi Hydropower Plant, Project ID: ITF-08, http://ec.europa.eu/europeaid/ruzizi-hydropower-plant_en

99 KAHINDO BOYA-BOZENE Louis, Projets régionaux d'énergie pour aider l'industrialisation du secteur minier dans l'Est – cas du Projet Ruzizi III, Kinshasa, Octobre 2012 Conférence iPAD, https://www.miningreview.com/wp-content/uploads/Louis_KAHINDO_BOYA-BOZENE.pdf

Kinshasa, Octobre 2012, p. 12.

[100] Conférence sur les investissements du secteur privé dans la région des Grands Lacs, Kinshasa, 24 février 2016, http://psicinvest.com/en/project-details/ruzizi-iii-hydropower-project-145mw

101 CONCA Ken, « The Case for Environmental Peacemaking », dans CONCA Ken, DABELKO G. D. (Dir.),

Environmental Peacemaking, Washington, Woodrow Wilson Center Press, 2002

[102] Ethiopian Embassy in Australia, http://www.ethiopianembassy.net/renaissance-dam/the-great-ethiopian-renaissance-dam-an-invitation-for-bond-investment/

[103] GATES Bill, Le développement de l'Ethiopie est plutôt porté par les populations, Afrique Renouveau, Aout 2015, http://www.un.org/africarenewal/fr/magazine/ao %C3 %BBt-2015/le-d %C3 %A9veloppement-de-l %E2 %80 %99ethiopie-est-plut %C3 %B4t-port %C3 %A9-par-les-populations

[104] DE KERVASDOUÉ Jean, La peur est au-dessus de nos moyens - Pour en finir avec le principe de précaution, Plon, 2011

[105] FURFARI Samuele; Le Monde et l'énergie, Technip, 2007

[106] http ://www.enelgreenpower.com/en-GB/media_investor/press_releases/release.aspx ?iddoc=1661113

[107] Enel Green South Africa, http://www.enelgreenpower.com/en-GB/company/worldwide/south_africa/

[108] Energ magazine, Enel completa l'impianto fotovoltaico da 66 MW di Tom Burke, 9 juin 2016, http://www.energmagazine.it/Installazioni/enel-completa-l-impianto-fotovoltaico-da-66-mw-di-tom-burke.html

[109] http ://www.ipprenewables.co.za/

[110] http ://www.greenbusinessguide.co.za/coal-still-key-to-sas-energy-needs/

[111] Agence Internationale de l'Energie, World Energy Outlook 2012, page 540

[112] Ministère de l'agriculture de l'Ontario, Carbon Dioxide In Greenhouses,
http ://www.omafra.gov.on.ca/english/crops/facts/00-077.htm

[113] World Bank, The Welfare Impact of Rural Electrification: A Reassessment of the Costs and Benefits, 22 Janvier 2008, http://siteresources.worldbank.org/EXTRURELECT/Resources/full_doc.pdf

[114] Kasai Central, La Province, 1er mars 2016, http://kasaicentral.com/2016/03/01/joseph-kabila-determine-a-donner-du-courant-electrique-au-grand-kasai/

[115] http://www.bridgin.eu/

[116] Banque Mondiale, http://www.worldbank.org/en/country/ghana/projects

[117] IEA, Energy Subsidies, http://www.worldenergyoutlook.org/resources/energysubsidies/

[118] http://www.iea.org/subsidy/index.html

[119] HADDAR Mohamed, Colloque « Transition politique dans les pays arabes «, Bruxelles, Université Saint Louis, 3 février 2014

[120] République Tunisienne, Ministère de l'Industrie, Débat National Stratégie Énergétique Horizon 2030, http://www.tunisieindustrie.gov.tn/upload/documents/debat-energie/VF_Presentation-Energie2013-Public_V1.pdf

[121] Banque Mondiale, Vers une meilleure équité : les subventions énergétiques, le ciblage et la protection sociale en Tunisie, Novembre 2013, http ://issuu.com/world.bank.publications/docs/vers_une_meilleure___quit__#/signin

[122] G20, Communiqué, G20 Leaders Summit – Cannes – 3-4 November 2011, http://www.oecd.org/g20/summits/cannes/Cannes%20Leaders%20Communiqu%C3%A9%204%20%20November%202011.pdf

[123] RTBF, Bolivie: sous la pression Evo Morales rebaisse les carburants, 1 janvier 2011, https://www.rtbf.be/info/monde/detail_bolivie-sous-la-pression-evo-morales-rebaisse-les-carburants ?id=5585833

[124] El Pais, El presidente de Venezuela multiplica por sesenta el precio de la gasolina, 18 février 2016, http://internacional.elpais.com/internacional/2016/02/18/america/1455752332_822940.html

[125] Commission européenne, IP/02/1256 du 1er septembre 2002,

[126] Commission européenne, http ://ec.europa.eu/europeaid/where/acp/regional-cooperation/energy/index_fr.htm

[127] Commission européenne, http ://ec.europa.eu/europeaid/documents/case-studies/uganda_energy_pamenu_en.pdf

[128] Commission européenne, «De l'énergie pour doper le développement» : nouvelle initiative de la Commission pour favoriser l'accès à l'énergie pour tous d'ici à 2030,- IP/12/372 16/04/2012

[129] Commission européenne, 16 avril 2012, http ://ec.europa.eu/europeaid/what/energy/sustainable/se4all_fr.htm

[130] http://humanneedsindex.org/

[131] http ://epp.eurostat.ec.europa.eu/cache/ITY_PUBLIC/3-03122012-AP/EN/3-03122012-AP-EN.PDF

[132] Des statistiques plus récentes ne sont pas encore disponibles mais tout porte à croire que la tendance se confirme.

[133] Médiateur de l'énergie, Rapport d'activité de 2011, http ://www.energie-mediateur.fr/fileadmin/user_upload/Publications/RA_MNE_2011.pdf

[134] Excess Winter Mortality in England and Wales, 2011/12 (Provisional) and 2010/11 (Final), http ://www.ons.gov.uk/ons/rel/subnational-health2/excess-winter-mortality-in-england-and-wales/2011-12--provisional--and-2010-11--final-/index.html

[135] http ://eprints.ulster.ac.uk/26173/1/FPcostbenefitsonweb.pdf

[136] Commission européenne, Stratégie de l'UE en matière de chauffage et refroidissement, COM(2016) 51 final, 16 février 2016

[137] Asociación de Ciencias Ambientales, Pobreza energética en España. Análisis de tendencias », 2014

[138] LOMBORG Bjorn, La politique énergétique allemande crée surtout de la pauvreté, La Tribune, 4 mars 2014, http://www.latribune.fr/opinions/tribunes/20140303trib000818133/la-politique-energetique-allemande-cree-surtout-de-la-pauvrete.html

[139] Commission européenne, Prix et coûts de l'énergie en Europe, COM(2014) 21 final du 22/01/2014

[140] Commission européenne, Ecodesign, http://ec.europa.eu/growth/industry/sustainability/ecodesign_fr

[141] Qualifying and quantifying fuel poverty across the EU using consensual indicators (H Thomson), http ://www.sciencedirect.com/science/article/pii/S0301421512008671

[142] European Foundation for the Improvement of Living and Working Conditions, First European Quality of Life Survey : Urban-rural differences, 2006

[143] Scottish House Condition Survey, 2010, http ://www.scotland.gov.uk/Publications/2011/11/23172215/5

[144] INSEE, Insee Première, n°1530, Janvier 2015, http://www.insee.fr/fr/ffc/ipweb/ip1530/ip1530.pdf

[145] HOBBES, Thomas, Leviathan, XIII.9.

[146] http ://www.huffingtonpost.com/bjorn-lomborg/alarmism-at-world-bank-en_b_3528812.html

L'HARMATTAN ITALIA
Via Degli Artisti 15; 10124 Torino
harmattan.italia@gmail.com

L'HARMATTAN HONGRIE
Könyvesbolt ; Kossuth L. u. 14-16
1053 Budapest

L'HARMATTAN KINSHASA
185, avenue Nyangwe
Commune de Lingwala
Kinshasa, R.D. Congo
(00243) 998697603 ou (00243) 999229662

L'HARMATTAN CONGO
67, av. E. P. Lumumba
Bât. – Congo Pharmacie (Bib. Nat.)
BP2874 Brazzaville
harmattan.congo@yahoo.fr

L'HARMATTAN GUINÉE
Almamya Rue KA 028, en face
du restaurant Le Cèdre
OKB agency BP 3470 Conakry
(00224) 657 20 85 08 / 664 28 91 96
harmattanguinee@yahoo.fr

L'HARMATTAN MALI
Rue 73, Porte 536, Niamakoro,
Cité Unicef, Bamako
Tél. 00 (223) 20205724 / +(223) 76378082
poudiougopaul@yahoo.fr
pp.harmattan@gmail.com

L'HARMATTAN CAMEROUN
BP 11486
Face à la SNI, immeuble Don Bosco
Yaoundé
(00237) 99 76 61 66
harmattancam@yahoo.fr

L'HARMATTAN CÔTE D'IVOIRE
Résidence Karl / cité des arts
Abidjan-Cocody 03 BP 1588 Abidjan 03
(00225) 05 77 87 31
etien_nda@yahoo.fr

L'HARMATTAN BURKINA
Penou Achille Some
Ouagadougou
(+226) 70 26 88 27

L'HARMATTAN SÉNÉGAL
10 VDN en face Mermoz, après le pont de Fann
BP 45034 Dakar Fann
33 825 98 58 / 33 860 9858
senharmattan@gmail.com / senlibraire@gmail.com
www.harmattansenegal.com

L'HARMATTAN BÉNIN
ISOR-BENIN
01 BP 359 COTONOU-RP
Quartier Gbèdjromèdé,
Rue Agbélenco, Lot 1247 I
Tél : 00 229 21 32 53 79
christian_dablaka123@yahoo.fr

Achevé d'imprimer par Corlet Numérique - 14110 Condé-sur-Noireau
N° d'Imprimeur : 133607 - Dépôt légal : novembre 2016 - *Imprimé en France*

www.ingramcontent.com/pod-product-compliance
Lightning Source LLC
LaVergne TN
LVHW011013061026
849535LV00006B/1864